豆瓜妙趣数学故事

世界有多大

五年级

陈传兴◎主编　强诗诘◎著

海峡出版发行集团 | 海峡文艺出版社

豆瓜大侠
丝瓜
开心豆
木木瓜
麒麟瓜
可爱豆
小瓜
阿瓜
逗豆
丁豆

目录

一出课本剧

知识点拨

学会快速判断一个数是不是3的倍数。一个数各数位上的数字和是3的倍数，这个数就是3的倍数。比如123，$1+2+3=6$，所以123是3的倍数。

一天，豆瓜学园中传出一阵琅琅读书声：“狼烟四起，天下三分。东汉末年，乱世之中，宦官外戚明争暗斗，朝廷腐败，民不聊生，激起黄巾之变……”

“哎呀……疼！”正当逗豆沉浸在剧本之中难以自拔的时候，阿瓜突然从背后拍了拍逗豆的脑袋，吓得逗豆一哆嗦，手里的剧本掉在了地上。剧本的封面上赫然写着——“三分天下”。

原来，最近豆瓜学园正在风风火火地筹备“三国”系列课本剧呢！

逗豆自小就是一个“三国迷”，最爱足智多谋的军师诸葛亮。近期，课本剧选人在即，他每天都苦读剧本，希望能被选上出演诸葛军师一角。

课间，逗豆几人正在谈论《三国演义》里的故事。

逗豆说：“为了能更好地诠释剧本里的人物，我最近都在读《三国演义》。我发现，《三国演义》里带‘3’的故事有点多呀！”

阿瓜称赞道：“逗豆下了不少功夫呀！有哪些呢？

愿闻其详。”

“比如，第一回就有‘宴桃园豪杰三结义’的故事。东汉末年，刘备、关羽和张飞三位志士意气相投，言行相依，他们为了共同干一番大事业，选在一个桃花盛开的季节，举酒结义、对天盟誓。”逗豆说道。

“我还知道‘破关兵三英战吕布’的故事，那可是《三国演义》中最精彩的内容之一呢！刘备、关羽和张飞三兄弟与猛将吕布殊死搏斗、沙场血拼，简直酣畅淋漓。”学豆接着说道。

“还有还有！”丝瓜不假思索地说，“‘三顾茅庐’和‘三打白骨精’的故事！”

“哈哈哈，丝瓜小兄弟你串台啦！‘三打白骨精’是《西游记》里的故事呀。”逗豆笑着回答道。

“除了‘3’，《三国演义》里还藏着‘3’的倍数呢……”阿瓜说道，“六出祁山，九伐中原……”

逗豆听后惊呼：“妙哉，二三得六，三三得九。3、6、9，这些都是3的倍数呢！”

正当小伙伴们谈笑风生的时候，班主任豆瓜大侠再次自带气场地出现在班级门口。他听到小伙伴们的讨论，灵机一动，想出了一个点子：“既然《三国演义》和数字‘3’如此有缘，那么谁能率先找到3的倍数特征，我就让他出演课本剧《三分天下》里最聪明的诸葛亮。”

此话一出，全班瞬间沸腾。原来豆瓜学园里诸葛孔明的“小迷弟”还真不少呢！大家都争先恐后地争抢诸葛亮一角。

众所周知，2的倍数是末尾为0、2、4、6、8的数，这3的倍数可太让人捉摸不透了。数字“23”的末尾是“3”，可它并不是3的倍数，而数字“12”每一位看起来都和3没关系，它反倒是3的倍数。

公平起见，众人决定分头行动，独自回家探索“3”的倍数的奥秘。

回家的路上，学豆嘴里不停地念叨着乘法口诀表：“一三得三、二三得六、三三得九……3×23=69、3×24=72、3×25=74……糟糕，应该是75！”

这一一列举的方法不仅麻烦，

还容易错呀！

刚出校门，丝瓜的脑海里就浮现出许多数和算式：12、15、27，115 ÷ 3 ＝ 38……1,255 ÷ 3 ＝ 85……

丝瓜心想：“哈哈哈，遇到数不要慌，只要除以 3 一试便知。如果没有余数，那么它一定是 3 的倍数。”

这时，一辆出租车从丝瓜眼前驶过，车牌号是豆 A83291。丝瓜突然发现，事情没有想象中那么简单。如果遇到一个很大很大的数，用它除 3 要花好多工夫呢。看来“除以 3”的妙计也以失败告终。

逗豆走路回家的路上，看到马路边上有一排电线杆。逗豆心想：“电线杆的数量究竟是不是 3 的倍数呢？”他认为，从头数到尾，再把数量除以 3，这办法虽然可行，但有点费脑，还容易出错。

逗豆灵光一闪，心生一计：他把 3 根电线杆看成一组，3 个 3 个地数。

“1、2、3，1、2、3，1、2、3……1、2。”

最后一组只有 2 根，看来电线杆的数量不是 3 的倍数。

回到家后，逗豆继续读起《三国演义》。在“千里走单骑”的故事中，守将卞喜在镇国寺埋伏刀斧手二百人，约定以摔杯子为暗号，要杀关羽。

“怎样能一眼看出 200 是不是 3 的倍数呢？”逗豆在心里反复揣摩着，“莫非也可以用 3 个为一组的方法计算？”

他想到了豆瓜大侠传授的“化繁为简”和“数形结合”大法，便在纸上画了起来。

他先从 20 入手，画了 20 个小圆圈，一行 10 个，一共 2 行，再 3 个为一组地分开。每行都剩下 1 个，2 行共剩下 2 个，所以 20 不是 3 的倍数。

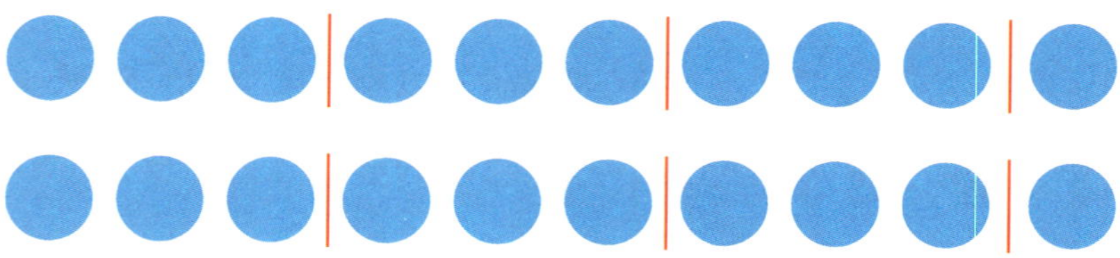

如果增加一个圆，一共 21 个。刚才 20 个圆中剩下的 2 个加上 1 个，正好剩下 3 个，所以 21 是 3 的倍数。

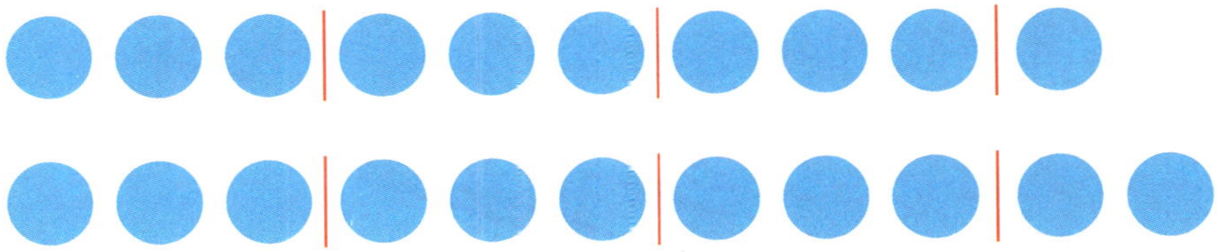

“20 还剩下 2 个，21 剩下 3 个。”逗豆似乎发现了规律，“十位上分剩下的数加上个位上的数，莫非可以把数拆开，把各个数位上的数字相加？”

逗豆继续试验。这回他把前面提到的 23 做了一番拆分，3 个为一组地分开。之前试验过，20 还剩下 2 个，那么 23 就剩下 2+3=5（个），所以 23 不是 3 的倍数。

真相呼之欲出了呀！再来看刚才提到的 12：先画 10 个小圆圈，3 个为一组地分开，正好剩下 1 个，加上个位的 2 个，凑出了 3 个，所以正好可以分完，这就是 12 能被 3 整除的道理了。

第二天，逗豆兴奋地把他的发现告诉豆瓜大侠。

大侠欣慰地说道：“不错，昨天的自学很有效率，你会发现规律啦！”

“不过，你看看大家的发现。”

大侠指着黑板说道。

逗豆朝黑板看去，原来同学们也在黑板上写着自己的发现。

丁豆写的是：200，2 + 0 + 0 = 2，2 不是 3 的倍数，200 也不是 3 的倍数；204，2 + 0 + 4 = 6,6 是 3 的倍数，204 是 3 的倍数。

麒麟瓜更周到，她写出了两位数、三位数、四位数等不同位数的例子。

逗豆心想，确实应该多举点例子，毕竟自己只是在两位数中研究，不同位数的数是不是都有这样的规律呢？看来自己还是没能全面思考。

更厉害的是阿瓜，他举的例子里居然连小数都出现了！只见他写着：36、3.6、33.57，这些数的各个数位上的数相加的和都是3的倍数，所以它们都能被3除尽。

不愧是诸葛阿瓜啊，他写的是除尽，而不是倍数，思维真是严谨啊！

课堂上，大侠让大伙儿把自己的发现都写在黑板上之后，他在黑板的正上方清清楚楚地写下一行大字：一个数各位上的数的和是3的倍数，这个数就是3的倍数。

小朋友，你们能猜到最终谁在课本剧中扮演诸葛亮这个角色吗？

哈哈，你们一定想不到，所有的小伙伴都扮演了诸葛亮。原来，大侠把剧本改成了《三国演义之真假诸葛亮大聚会》。

“诸葛豆”的百变方阵

知识点拨

学会找到质数与合数的因数，明白质数的因数只有 1 和它本身。拿出笔和纸，跟着故事情节，一起画一画 12 人方阵和 19 人方阵的阵型吧。

士兵们迈着整齐、有力的步伐，走向广场中央，一声声高亢的口号，铿锵有力……

正值国庆阅兵之际，豆瓜学园的小伙伴们齐聚逗豆家，围坐在电视机前观看阅兵仪式。他们交口称赞，对祖国拥有这样一支威武、文明、胜利之师，备感骄傲和自豪。

学豆说：“每年的国庆，我都期待能看到阅兵仪式。每当听到解放军叔叔们喊着铿锵有力的口号，看到他们踏着整齐划一的步伐，我都能感受到祖国繁荣昌盛。”

丝瓜说：“解放军叔叔是国家的英雄呀！我长大后立志成为和他们一样的人。”

“我们还可以从这些方阵中看到数学知识。”阿瓜说道。

“不愧是数学天才，总能用数学的眼光观察世界。”小伙伴们赞叹道。

“说到方阵，我联想到三国时期，诸葛亮在沙场点兵时的排兵布阵，简直令人叹为观止。”自从上次课本剧排练过后，阿瓜就成了诸葛亮的超级“迷弟”。

他一边说，一边和大家分享他昨天读到的排兵布阵之法。

一字长蛇阵，长虹贯日；

二龙出水阵，双爪共擒。

三才太乙阵，三足鼎立；

四象漯河阵，四方混元。

五虎群羊阵，分点齐入；

六宇连方阵，个度方圆。

七星北斗阵，太乙下界；

八门金锁阵，八仙临凡。

九曲黄河阵，飞沙噬命；

十面埋伏阵，英雄亡魂。

“妙哉，这里的数字分别代表方阵的行数。看来排兵布阵和阅兵方阵一样，都暗藏玄机。”逗豆惊叹道。

丝瓜、学豆等人也频频点头。

“哈哈哈，看来大家对方阵很感兴趣呀！我的书房里有沙盘，不如一起去瞧瞧？”阿瓜最近果然成了“三

国迷”，俨然把剧情搬进了生活。

大家来到书房前，看到门口贴着一张字条：智力值≥100者入内。

逗豆说：“这个阿瓜不简单，进房还有挑战呀？虽然我体力不行，但班长我日理万机、运筹帷幄，也算是学园的脑力担当呢！智商肯定过100。”

学豆说：“我自小饱读诗书、见多识广，智力题自然不在话下。”

丝瓜不甘示弱，说：“我是咱们学园武力值天花板，按平均数来算，我武力130，智力70，合在一起肯定100啦！”

“哈哈哈，朋友们开个玩笑啦，不要当真。”阿瓜不好意思地笑着说道，“不过我有一道脑力题，你们敢不敢挑战？”

不等小伙伴回答，阿瓜继续说道：“我收藏了8本兵书，可以怎么分给4个人？”

“8本书，分给4个人，当然是一人2本啦。这是二年级的数学问题，超简单！”丝瓜不假思索地回答道。

看到阿瓜似乎还不满意，逗豆接着说道："说不定阿瓜是个小气鬼，一本也不分享，所有书他一人独享，那就是 1 个人 8 本。"

"我懂啦！阿瓜肯定舍不得把书撕成两半，所有只能整本整本地分。学豆笑着说，" 如果分给 2 个人，每人 4 本；如果分给 4 个人，每人 2 本……"

"算了算了，先不探讨这个问题。"阿瓜一边挠头，一边推开房门。

书房中央摆着一个宽 1 米、长 2 米的沙盘，上面摆着城池和士兵的模型。

阿瓜说："真正的问题来了！"只见他把沙盘上的士兵分成 2 组，说道："这个问题和排兵布阵有关。左边这堆有 12 人，右边的有 19 人，现在让你选一堆，摆成方阵，每一行的人数都要一样多，哪一堆摆出来的阵型变化更多？"

"阿瓜莫要坑我，我虽然经常犯糊涂，但比大小还是可以的。人数越多，摆出来的阵型越多，我选 19。"逗豆坚信自己的眼光，走向沙盘右边，开始排兵布阵……

摆 1 行的时候，逗豆行云流水，速度极快。可一顿操作猛如虎，仔细一看……竟然只有“一字长蛇”阵。

原来他摆 2 行的时候，不管怎么摆，第二行总比第一行多一个；摆 3 行的时候，每行的人数也不相同。挣扎一番，逗豆只好放弃。

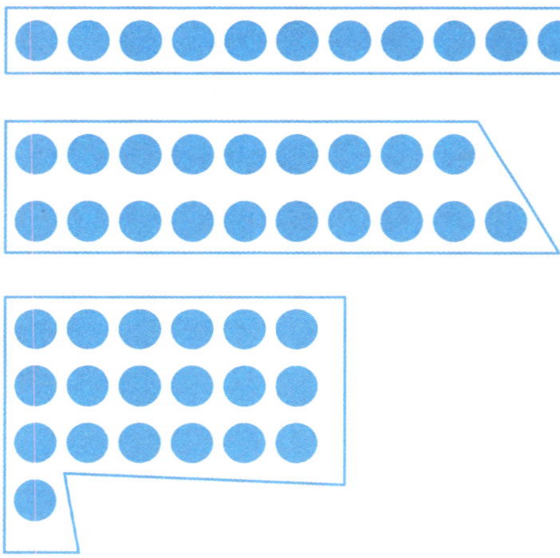

这时丝瓜闪亮登场，他虽然选了人数较少的一堆，却不动声色地摆起阵型。

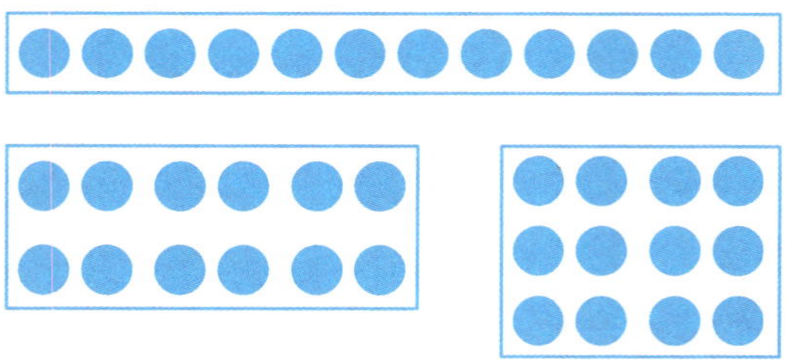

只见他不慌不忙竟摆出了3种阵型。逗豆定睛一看，才发现自己又输在了数学上。

原来12是合数，它的因数一共有6个，所以可以摆出3种阵型：摆1行，每行12个；摆2行，每行6个；摆3行，每行4个。

19虽然比12大，但它是质数，也就是素数。素数的因数只有2个，1和它本身，所以只能摆出“一字长蛇”阵。

果真应验了阿瓜先前的那句话，沙场点兵，队列方阵里也蕴含着数学知识。

不服输的逗豆想了想，笑着说：“来而不往非礼也，不如我也来考考你。”

阿瓜说：“好呀，放马过来。”

小伙伴们都围了过来，等着逗豆出题。只看到他不慌不忙伸出一个手指头，说出一番话来。小伙伴们听后个个目瞪口呆，无言以对。

到底逗豆说的是什么问题呢？

原来，逗豆说的是：“像这样只能排出‘一字长蛇阵’的数，最大的是哪个呢？”

不愧是日理万机、运筹帷幄的逗豆啊，“最大的素数是哪个”的问题直接把小伙伴们带到了数学课堂。

好在丝瓜及时打破大家冥思苦想的气氛，他说：“最大的素数是谁不知道，最大的叔叔我倒是知道一个！”

“谁啊？”小伙伴们一起问道。

丝瓜淡定地说：“豆瓜大侠啊！”

“哈哈哈哈！”同学们大笑。

冲！逃出密室

知识点拨

你们一定学过平行四边形、梯形和三角形的面积公式。其实这些公式之间是有联系的，用心观察，你会发现计算面积的新方法。

学园课本剧刚刚落下帷幕，豆瓜大侠为了奖励学园的小伙伴们，决定周末带他们去学园山的无人谷，那里有个能锻炼数学思维和团队协作能力的地方——山间密室。

麒麟瓜激动地说：“哈哈哈，破解密室，我的最爱呀！”

“听说这间密室就在我们后山的无人谷里，我还从来没去过那里，真是太期待了！”开心豆兴奋地说道。

学豆扶了扶眼镜，一本正经地说：“大家别高兴得

太早，说不定密室里暗藏机关。”

转眼到了周末，豆瓜大侠带着小伙伴们翻山越岭，终于来到了山间密室。密室的入口是个半圆形的石门，上面刻着各式各样的图形：长方形、圆形、平行四边形、三角形……

豆瓜大侠说：“孩子们，门口的图案已经提示大家了，这是一个数学密室。迈入这个大门，你们就正式进入密室啦！俗话说，自己动手，丰衣足食。接下来，你们要靠自己的力量破解密室里的难题，才能走出密室。我在密室的出口等你们！”

“冲呀！”小伙伴们铆足劲大喊了一声，一同进入了密室。

一进门便是一条幽静的长廊，这便是小伙伴们的第一关。在长廊的两侧挂着一块木牌，木牌边的墙上写着：“在你的身边 3 米范围内，找到木牌上相应的图形，方能进入下一关。”

“小意思，我视力 5.0 的双眼，观察力一流。”逗豆自信地甩了甩头发，指着木牌说道，“这木牌不就是长方形的吗？学豆的眼镜镜片是圆形的，平行四边形的话……”

“哈哈哈，你们瞧，我能创造出平行四边形呢！”可爱豆伸出两只手的大拇指和食指，比画出了一个平行四边形。

“我也会，看，我比画的平行四边形比你的扁一些。”

麒麟瓜说道。

小伙伴们话音未落，长廊尽头发出“咯吱咯吱”的声音，大门打开了。爱观察的逗豆一行人成功通过第一关，进入第二关。

这时，他们走到了一个长方形大石台面前。石台的台面上刻着方格图，图上有一个被隔成两部分的、平行四边形的水池。石台边上还刻着一行字：“欲过此关，先‘数’出水池的面积。”

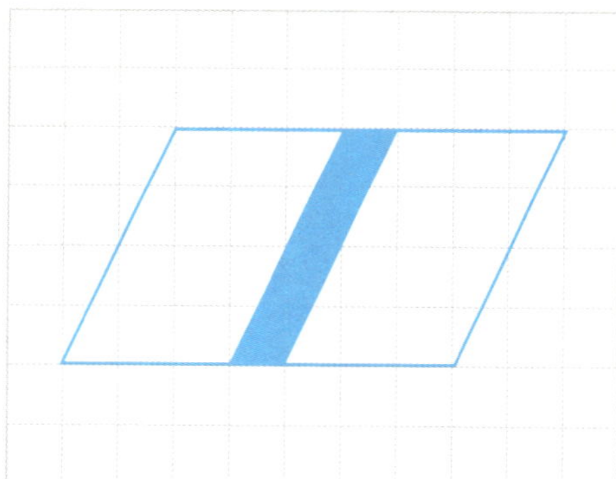

“求水池的面积就是求这个平行四边形的面积呀！”逗豆伸出手比画了一下，说道，“每个方格的边长大约是 1 分米。”

学豆陷入沉思半晌，缓缓开口：“要小心，水池还

被这条平行四边形的斜桥隔开了。斜桥的面积不算在水池面积里吧？”

开心豆说道：“那得先求出大的平行四边形面积再减去桥的面积，我们先量一下底和高吧！”

学豆继续提醒大家：“大家看到了吗？要求‘数’出面积，也就是不能用‘平行四边形的面积＝底 × 高’的公式了。”

“哎，那只能数一数了。”丝瓜趴在石台上一格一格地数着，“1、2、3、4……哎呀，真麻烦，好多小半格。”

“数数是个好办法，但这次太复杂了！”逗豆指着平行四边形的角说道，“这几块明显不满一格，补来补去别补乱了啊！”

“有的是半格，有的是整格，数起来太麻烦了。”木木瓜灵光一闪，说道，“不如那些不满一格的都按半格计算，先数整格的，再数半格的，最后合在一起试试看。”

“这些半格的可真碍事，如果我能有神奇的魔法，把它们都变成整格的就好了。”开心豆说道。

开心豆的话给了阿瓜灵感，他对着石台比画了一会儿，心生一计。他用树枝在地上画了一个格子图，又画出了水池。

大伙儿围上来观察。

“看，你们发现了什么？”阿瓜笑着说道。

大家一脸疑惑地看着石台，再看看地上，总感觉阿瓜画在地上的水池和石台上的有点不像。

“原来，阿瓜把两边的水池拼起来了！”逗豆惊呼。

对啊，被斜桥隔开的两个水池合起来就能凑成一个完整的平行四边形。阿瓜的发现让大家醍醐灌顶。

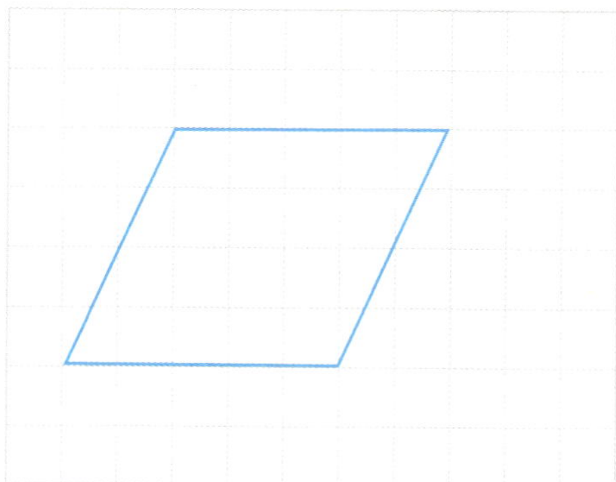

这下好办了，数起来也简单了。

第一行整格的有4格，把左边的半格移到右边，正好凑成1格，一共是5格。按照这种方法，分别把第二行、第三行和第四行左边的半格平移到右边，这么一割一补，每一行都是5格，4个5格就是20格，每格1平方分米，石台上的平行四边形的面积就是20平方分米。

麒麟瓜快人快语，立马说道：“底是5分米，正好表示每行5格，高是4分米，对应4行，这就是‘平行四边形的面积＝底 × 高’的道理啊！”

逗豆一行人又成功破解一关。

最后，小伙伴们匍匐穿过一条矮矮的暗道，来到了最后一关。暗道的尽头有一扇矮门。逗豆爬到门前一看，门上写着：“一个图形能用‘（上底＋下底）×高 ÷2’的公式求出面积，这是什么图形？”

一本正经的学豆毫不犹豫地发声：“想不到最后一关这么简单，不就是梯形吗？我们刚刚学过啊！”

丝瓜赞同地说道：“我同意，梯形的面积＝（上底

＋下底）× 高 ÷2。咦，可是这门怎么还是打不开呢？”

大伙儿仔细一看，才发现那门似乎开了一条一指宽的小缝。但这么小的缝，谁也过不去呀！

豆瓜们有点摸不着头脑。过了一会儿，逗豆说道：“你们还是太天真了，最后一关怎么可能这么简单？这里面有奥妙！”

听逗豆这么一说，麒麟瓜赶紧说：“不愧是班长逗豆，你快说说有什么奥妙吧。”

逗豆摸了摸下巴说：“我只知道有奥妙，至于有什么奥妙，我还没想出来呀。”

“哼，你这故弄玄虚的逗豆。”麒麟瓜急得叫起来。

被麒麟瓜这么一刺激，逗豆不顾一切地说：“我怎么就故弄玄虚了？至少‘（上底＋下底）× 高 ÷2’这个公式还可以求平行四边形的面积！”

话音刚落，只听见暗道的门“咯吱”作响，这会儿门缝拓宽到巴掌宽了。

奇怪，平行四边形的面积不是用“底 × 高”的公式来求的吗？

不过，这门已经有反应了。虽然这条缝小得只有一岁的豆瓜们才过得去，但是至少说明这答案是对的呀！

于是大伙儿打起精神，看着逗豆。

气氛到这儿了，逗豆只好硬着头皮往下说：“平行四边形也有上底和下底啊，只不过它们一样长。”

虽然逗豆还没想明白，但他的话一下子点醒了大家。

对啊，一样长的上下底加起来等于底 ×2，（上底＋下底）× 高 ÷2 也就可以写成底 ×2× 高 ÷2。乘 2 和除 2 抵消，就又变回了原本的公式啦！

阿瓜笑着说：“逗豆真是幸运啊，平行四边形正好可以看成一个上下底都相等的梯形，所以平行四边形这个答案也是对的。”

麒麟瓜接着说道：“看来还有其他的答案，大伙儿快想想！”

平行四边形的思路一下子打开了豆瓜们的脑洞，不一会儿，大家又有了新的发现：三角形也可以看成一个上底是0的梯形。(上底+下底)× 高 ÷2，可以看成(0+下底)× 高 ÷2，也就是底 × 高 ÷2。

终于，当小伙伴们异口同声地说出“还可以求出三角形面积”时，门“咯吱咯吱”地打开得更大了。

豆瓜们欢呼着冲出了暗道，不对，是爬出了暗道。

此时，豆瓜大侠正满心欢喜地看着小伙伴们。他一边祝贺大家成功完成任务，一边指着暗道的门说：“你们看到了吗？门并没有完全打开，说明答案你们还没有全部找到。你们在后续的学习中慢慢思考吧。”

小伙伴们这才发现，暗道的门还剩那么一点点没有打开。究竟这个公式还能表示什么图形呢？相信大家学过六年级的《圆的面积》之后，一定会有新的想法哟！

豆瓜大侠的锦囊妙问

知识点拨

测量不规则物体的体积，除了“排水法”“排沙法”，还可以用“泥落铜出”法。用橡皮泥把不规则物体补成一个规则的长方体，再算出橡皮泥的体积，问题就迎刃而解啦。

近来，豆瓜学园的小朋友们学习不够上心，下课之后总喜欢跑到隔壁学园串门，找快捷键打电子游戏。豆瓜大侠为此很伤脑筋。

豆瓜大侠说：“哎，这帮小家伙最近不仅学习懈怠了，而且总爱成群结队地往外跑，留为师一人独守空园……”

不过，这可难不倒大侠。这群小伙伴的性格相似，都富有挑战精神，只要给他们一些任务，就可以挽救他们无所事事的灵魂了。

这天，大侠把学园的各个角落逛了一遍，他的眼光落在了大门进来处的孔夫子铜像上。

这座铜像高 2 米，底座高 1 米，加在一起快有一层楼那么高了。更巧妙的是，这位孔夫子一手拿着书卷，另一只手伸出手指，指向远方……这个方向，恰好是豆瓜大侠的住所。

大侠悄悄地在孔夫子铜像下方的草

丛中，放了一个锦囊。

在这天课堂的末尾，大侠对小伙伴们说道：“今天的作业躲在我家东偏北 45° 方向 300 米处，大家去找找吧。”

小伙伴们听到这句话都笑了起来，因为大侠早就和大家说过，大门口孔夫子铜像手指向的位置西偏南 45° 方向 300 米处是他家。那么，从大侠家观测，东偏北 45° 方向 300 米处，正是铜像的位置。

一下课，小伙伴们都集中在铜像周围，纷纷议论起大侠今天怎么布置了这么奇怪的作业。

逗豆说：“我们每次出门玩耍都不带大侠，他肯定难过了，让我们在孔夫子面前反省一下。”

丝瓜说：“不如，我们下次打游戏时喊上他？”

“学园建孔子铜像，是为了让咱们像孔子的弟子一样，努力上进呀。”学豆说道。

“我想起孔夫子的那句话，‘温故而知新，可以为师矣’。”阿瓜说道，“不如咱们来回忆一下今天大侠教的知识吧。”

麒麟瓜说：“哈哈哈，今天咱们学会了求体积的方法，长方体体积等于……”

“考考你们，它的体积有多大？”丁豆突然指着孔子铜像问道。

丁豆怎么突然问这个问题？

原来，丁豆在草丛中发现了大侠的锦囊，这就是大侠的“豆瓜收心计划”了！

“可以用火攻！”丝瓜抢答道，“把铜像丢进火里熔化，再打造成长方体铜块，用‘长 × 宽 × 高’的公式计算出体积。”

丝瓜跑得快，脑子转得也快。只可惜他的思路常常来不及刹车。他的方法虽然有用，但是危险。如果把铜像毁了，大侠一定会生气的！

学豆说：“你们听过曹冲称象的故事吗？咱们不妨把雕像放在船上，看看船下沉了多少。”

不愧是学园的知识担当，知识渊博的学豆一下子便联想到曹冲称象的故事，还用到了“转化”的方法。只可惜，这个方法求的是铜像的重量，而不是体积。

“火攻不行，改水攻！”逗豆沉思了好一会儿，想到了一个妙招。他跟小伙伴们介绍道："你们听过乌鸦喝水的故事吗？乌鸦把石头丢进瓶子里，石头占了一定的空间，导致瓶子里的水面上升。丢进去的石头越多，水面上升越高，石头的体积和上升部分水的体积相等。这个方法，叫'排水法'。"

"把铜像完全浸没在一个长方体的水池里，铜像的体积转化成了上升部分水的体积。分别测量出水面上升的高度和水池的长、宽，就能算出铜像的体积了。"逗豆补充道。

阿瓜说："哈哈哈，这个方法妙，逗豆会'沉'像啦！"

"不对，逗豆沉像这个方法有个问题。"向来严谨的学豆说道，"这铜像有 2 米高，喊上快乐学园的小伙伴一起搬都搬不动。而且，上哪儿找那么大桶的水呀？"

大家陷入了沉默。

"既然想到了转化的方法，一定还有更合适的方案。"逗豆说，"你们还记得书上案例里使用的橡皮泥吧？"

丝瓜说："对啊，直接捏一捏，就转化成了长方体。"

正在看热闹的丁豆灵光一闪，脱口而出："我们可以用手工室的橡皮泥，我正好身上带着呢！"

只见丁豆把橡皮泥贴在铜像身上，用手压了压，朝大家神秘地笑了笑。

阿瓜也笑了，说："对，那么多橡皮泥都可以派上用场了。"

这下，大伙儿都明白了。丁豆和阿瓜说的是要把橡皮泥抹在铜像身上，顺着铜像的长、宽、高堆出一个长方体。说做就做，小伙伴们行动了起来。

铜像和伸出去的手臂，在大家努力地用橡皮泥贴上之后，呈现出了两个长方体。大家测量了两个长方体的长、宽、高。

麒麟瓜说：“这两个长方体的体积之和比铜像的体积大了啊。”

丁豆说：“是的，大的部分就是这些橡皮泥的体积啊！”

于是，大伙儿又七手八脚地把刚刚堆上去的橡皮泥剥了下来，并由丁豆把这些橡皮泥又堆出一个长方体。

这下“泥落铜出”了，两个长方体的体积减去这个橡皮泥长方体的体积，就是铜像的体积。

小伙伴们把铜像的体积数据填进大侠的锦囊后，突然想起，今天本来约好去找快捷键他们玩游戏，现在可去不成了。

不过，在这儿研究体积问题好像比玩游戏充实得多呀！

丁豆是个小迷糊

知识点拨

我们打车时总会遇到分段计费问题，乘车 3.8 千米需要花费多少钱呢？同学们，用线段图来画一画吧。

窗外烈日炎炎，蝉鸣声一浪高过一浪。天气虽热，但教室里小伙伴们欣喜若狂的心情丝毫未减。原来，今天是闭学式，马上就迎来假期了。

铃声还未响，学园的小伙伴们早已在教室里坐得端端正正，大家纷纷开始展望美好的暑假生活。

就连平时马马虎虎、总爱踩在时间点上到学园的丁豆，今天也早早来到了教室。他定了一个目标，大声地说道："今天是我 10 周岁的生日呢！过了今天，我的年龄就是真正两位数了，这可是历史性的一步呢！"

"所以呢？"众人纷纷前来围观。

"所以，我决定在暑假做一个更独立的男孩。"丁豆说道。

"丁零零"——铃声响了。

班长逗豆听到铃声，犹如上了发条一般，立马站上讲台，开始整顿纪律。奈何今天小伙伴们过于兴奋，教室还是乱哄哄的。

"听起来，你们的假期生活将会很丰富呀。"在大家讨论得最热火朝天的时候，豆瓜大侠悄悄地走到了教

室门口。一瞬间，大家立马安静了下来。

逗豆暗暗想道：“还得看大侠呀。”

豆瓜大侠在黑板上写下“生活中的数学小故事”，并说：“学数学，要学会用数学的眼光看世界。这个暑假，请你们带着数学的眼光，去生活中找找和数学有关的故事吧。”

……

暑假的第一天。

今天是丁豆满10岁的第二天，他为了成为一个更独立的男孩，心生一计：“我这周每天早上都要去培训班学钢琴。以前，都是妈妈送我上下学，现在我长大了，可以自己打车啦。在打车上下学的路上，我还能瞧瞧有没有和数学有关的小故事呢。这样既锻炼了自己，又完成了豆瓜大侠布置的任务，一举两得。”

丁豆对自己的计划那是相当满意啊！

为了确定打车的路程，丁豆用电话手表搜索了从家到培训班的距离，不多不少，正好4千米。他又去楼下看了看来往的出租车，车窗上写着“每千米1.5元”。

这么简单的数学问题，怎么能难倒机智的丁豆？他在心里算了算，每千米 1.5 元，从家到培训班有 4 千米，那么一趟需要 6 元，来回就是 12 元啦。丁豆从妈妈那要了 20 元，信誓旦旦地拍了拍胸脯，跟妈妈保证道：“这次我一定能顺利完成任务的。”

离开家，丁豆暗自开心：“哈哈哈，来回只要 12 元，妈妈给了我 20 元，掐指一算，今天净赚 8 元。”

一下楼，贪吃的丁豆就到炸鸡店买了一根 8 元的大鸡腿，一边美滋滋地吃着，一边在路边打车。

买鸡腿，打车，告诉司机目的地……一切都进展得相当顺利。外向的丁豆甚至还和司机师傅聊起自己快乐的暑期生活。可所有的快乐在下车的那一刻烟消云散……

司机告诉丁豆：“你这一趟需要 9.5 元。”

丁豆难以置信地看着司机师傅，喊道：“不可能，里程表上写着 3.8 千米，就算约等于 4 千米，每千米 1.5

元，也只要6元呀。”

司机哭笑不得，他指了指车窗上的标价牌。原来，出租车的收费标准是：3千米以内8元；超过3千米，每千米1.5元（不足1千米的按照1千米计算）。

出租车从丁豆家到培训班一共行驶了3.8千米的路，分成两段。第一段是3千米，收费8元。第二段还剩0.8千米，因为不足1千米的按1千米计算，那么第二段也按1千米算，所以收费1.5元，一共是9.5元。

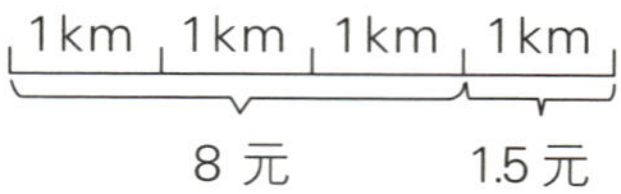

丁豆恍然大悟，原来自己粗心大意，只看到后半句“每千米1.5元”，把前半句信息给漏了。

知道真相的丁豆后背一凉，现在他的兜里只剩下2.5元，这一趟付了9.5元，该如何回去？

还好，单程价格更低的公交车拯救了丁豆，1元就把他送回了家。

最终，丁豆的“独立之旅”首战以尴尬收场。不过，他是个善于反思的小男孩。晚上，他在床上辗转反侧，复盘今天失败的原因。他的失败原因有两点：一是收费标准只读了一半，二是太贪吃……

看来，豆瓜大侠说的是有道理的，要学会用数学的眼光看世界呀。当然，做小学生呢，还是不能太贪吃。

丁豆心想："胜败乃兵家常事，我在哪里跌倒，就在哪里爬起来！"

第二天，丁豆把路线在心里反复预演了好几遍。这次，他向妈妈要了 2 张 10 元。第二次的实战开始了……

楼下的炸鸡店香气扑鼻，隔着老远，丁豆就听到老板吆喝着："今天出新品啦，酸梅味鸡腿买二送一！"

吸取了第一天的教训，丁豆今天再也不敢乱买零食了。眼不见为净，丁豆知道自己难以抵挡美食的诱惑，所以换了条路。他穿过巷子，到另一条马路上打车。

上车前，丁豆反复看了看收费标准，心想："这次一定错不了了！"

出租车到了目的地，丁豆自信地掏出 10 元。可司机师傅的话让他五雷轰顶："小朋友，这一趟要 11 元，你还要再给我 1 元钱。"

丁豆万万没有想到，虽然这次他算对了收费标准，却算错了路程。原来丁豆上车的马路是单行道，为此今天的路程比昨天更长了。

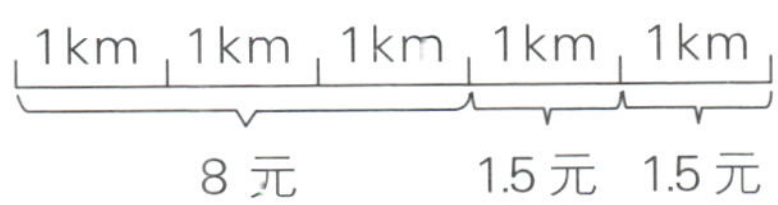

这是丁豆事后画下来的行程图，你能计算出他今天坐了多远的路程吗？

对啊，今天的路程虽然在 5 千米以内，但不满 1 千米按 1 千米计算，丁豆今天还得多付 1.5 元。第二次“独立之旅”最终又是以“公交大法”收场。

回家后，妈妈见到失落的丁豆，安慰道：“人生总有起起落落，咱们不能只看结果，还要学会欣赏这一路的美景呀！你瞧，关于出租车计费问题，不仅要知道收费标准，还要知道行车路程及路线。从另外一个角度想，你的数学故事已经找到素材啦！”

地图上的“摩斯密码”

知识点拨

坐标就像数学里的“摩斯密码”，可以帮助我们确定位置。带着数学的眼光观察，你会找到更多生活中与数学有关的小奥秘。

豆瓜大侠是豆瓜学园的老师，他不仅擅长组织各种活动，还是个旅游达人。刚迈入暑假，他便按捺不住一颗向往自由的心，准备组织豆瓜学园的小伙伴们展开一次三天两夜的学园周边游。

在豆瓜大侠的带领下，大家各司其职、分工明确，迅速开始筹备起来。

阿瓜和逗豆是最佳搭档，负责收集小伙伴们最想去的地点，并制定旅游路线。

木木瓜是技术男一枚，麒麟瓜做事麻利。他们俩的任务是快速准备每个地点的旅游攻略，还有查询未来三天的天气情况、去各个地点的交通路线……

开心豆细心，丝瓜是个体育健将。他们俩为一组，帮忙采购旅行途中的生活必备用品和小零食。

丁豆和小瓜人称“小豆瓜二人组”，负责在路上拍照，记录下旅行中的点滴。

学豆、可爱豆是两个可爱的小女生，她们不仅配合

默契，还都很有艺术细胞。两人打算一起设计此次出游的文化衫，让豆瓜学园充满团队精神。

在筹备旅行的过程中，豆瓜学园的小伙伴们发生了不少有趣的故事……

逗豆最近迷上了摩斯密码。机智聪明的他，决定用数学上的“摩斯密码”来考考大家。

（0,0）、（2,3）、（6,5）、（8,2）、（5,3）……逗豆在纸上写下了一串数字，一脸神秘地问道：“嘿！小伙伴们，你们知道这些数字和符号背后的含义吗？”

大家一脸迷惑地互相看了看，摇了摇头。

丁豆疑惑地说道：“好你个逗豆，莫非你是福尔摩斯上身？”

“不对，这不是摩斯密码。摩斯密码是由点和短线组成的，而这是数字和小括号。”阿瓜摇了摇头说道。

“哈哈哈，这是数对。”关键时刻，还得看豆瓜大侠。豆瓜大侠话音刚落，

大家便用期待的眼光望向了他。

豆瓜大侠继续说道：“摩斯密码可以表示许多信息。而在数学中，数对就像‘摩斯密码’一样，可以表示位置。通过数对中的数字，我们可以很容易地判断出某一处的位置。”

发现大家对数对十分感兴趣，大侠又介绍道：“数对是由著名数学家笛卡尔发明的，背后还藏着许多故事呢。有一次，笛卡尔生病了，卧床在家，但他的头脑一直没有休息，仍然在反复运转，思考一个问题——怎样才能把‘点’和‘数’联系起来呢？突然，他看见屋角上的一只蜘蛛在上边左右拉丝。他想，可以把蜘蛛看作一个点，蜘蛛的每个位置就能用一组数确定下来。于是在蜘蛛的启示下，笛卡尔用一对有顺序的数表示平面上的一个点，创建了数对与直角坐标系。

“这件事情告诉我们，在我们的生活中蕴藏着许多奥秘，要学会用数学的眼光观察生活、了解生活。”

那么问题来了，逗豆写下的这些数对表示什么呢？大家对照逗豆出示的地图，很快发现了其中的奥秘。原来（0,0）是豆瓜大侠家的位置，他们顺藤摸瓜，迅速锁定了其他数对表示的位置。（2,3）是豆瓜学园、（6,5）是逗豆家、（8,2）是阿瓜家……善于思考的豆瓜学园小伙伴们又一次用数学的眼光观察世界。

木木瓜指了指地图上的学园山博物馆，说道：“我想去（5,4），它在豆瓜学园往右 3 小格，再往上 1 小格。听说那里近期有侏罗纪展览，我们不仅可以看到恐龙化石，还可以戴上 VR 眼镜体验侏罗纪世界呢！”

“哈哈哈，我发现博物馆离我家挺近的，我家在（6,3），从我家出发，先往左1小格，再往上1小格，就能到博物馆啦。”丝瓜说道。

“我想去（12,5）！”丁豆两眼放光地喊道，“那可是我最想去的地方呢。那儿有学园山最有名的奶茶店和烧烤一条街。听说，每天晚上7点之后，还有演出呢。我们一边吃着美食，一边看着表演，多快乐呀。”

大家顺着博物馆（5,4）继续数着，先向右7小格，再向上1小格。哈哈哈，原来（12,5）就是美食城呀！看来丁豆是妥妥的一个“吃货”，在地图上看到“美食城”三个字就开始流口水。

小伙伴们纷纷用数对表示出自己最想去的地方：可爱豆想去（15,8）游乐园，开心豆想去（7,16）海底世界，丝瓜选的是（5,9）森林公园……

逗豆迅速在本子上记下这些数学上的“摩斯密码”，今后大家的旅游攻略就能用上这些充满数学味道的密码了。他们在旅游中发生了哪些有趣的故事呢？请看下集分解……

高能侦探团

知识点拨

停车场的收费标准中也藏着分段计费的学问。在生活中，我们遇到这类问题时，线段图是个好帮手哦。

历经一番波折，小伙伴们正式踏上了“豆瓜学园三天两夜周边游”之旅。夜幕降临，第一个夜晚的主题是“海边篝火派对”。他们在海边支起帐篷，围着篝火，畅聊最近发生的闲人趣事。

丁豆首先跟大家分享自己坐出租车的趣闻。他一波三折的故事让大家哈哈大笑，看来他果真是学园里的“气氛担当”。

“小糊涂，你以后出门可得看清路线啦，不然我们的‘迷糊豆’就要变成‘迷路豆’了。”小瓜说道。

“都说‘学好数理化，走遍天下都不怕’，这句话诚不欺我呀！算对出租车计费问题，到哪儿打车都不怕。”可爱豆赞同道。

“我倒是觉得，学好数理化，不如有个好妈妈。”丝瓜笑着说道，“哈哈哈，多亏了妈妈的鼓励，丁豆才能愈战愈勇呢。”

“打车的路上，为了打发时间，我跟司机师傅聊到了很多有意思的事情！”丁豆一脸神秘地说道，“司机师傅最近遇到了一件天大的‘冤案’……他看起来老实巴交的，却被老板贴上了上班不认真的标签。”

“这老板真过分，怎么能欺负老实人呢？”一贯仗义的丝瓜愤愤不平地喊道。

“不知事情全貌，不能轻易地评价呀。”学豆扶了扶眼镜说道。

“别卖关子啦，你说来听听。”丝瓜催道。

于是，丁豆绘声绘色地说起了司机师傅的“冤案”……

在一个天气炎热的夏日，辛苦奔波了大半天的司机决定休息一会儿，便把出租车停在了停车场。

怎料晚上老板看到司机的停车账单之后，大发雷霆，说：“你竟然花了12.5元的停车费，真是偷懒！”

丁豆打抱不平道：“我打一趟车需要十几元，十分钟左右就到达目的地了。这老实的司机停一次车花了12.5元，也没休息多久，他可真是比窦娥还冤呢。”

逗豆拍了拍胸脯，自信地说：“到底司机是不是被冤枉的呢？我们可是小小侦探，什么冤案都逃不过我们的法眼。”

“咱们要用数据说话，先看看收费规则，再算一算，就知道司机有没有被冤枉啦。”阿瓜说道，“丁豆，不如咱们上网查一查当地停车场的收费标准吧。”

“哈哈哈，丁豆，这回你可不能看信息只看一半了哟。”丝瓜说道。

本市的停车场收费标准：

1 小时内收费 2.50 元。

超过 1 小时，每 0.5 小时收费 2.50 元。

“哎呀，怎么一会儿 1 小时，一会儿超过 1 小时的，看起来好麻烦呀。各位‘大神’，有没有什么好方法，让我一目了然地看出收费规则呢？”丝瓜皱着眉头说道。

“丝瓜你别急，咱们一画便知。”逗豆掏出笔，在本子上画起了线段图。

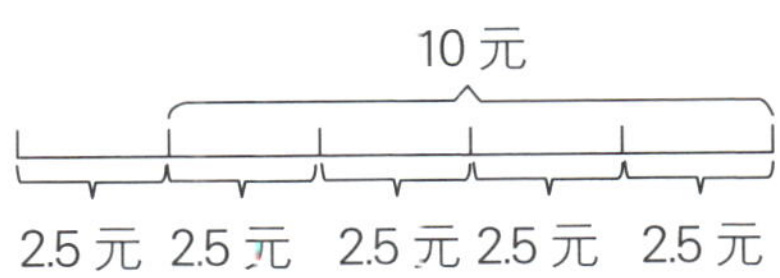

逗豆一边比画，一边说道：“司机一共花了 12.5 元，

前一小时收费 2.5 元，那么后面几小时一共花了 10 元。1 个 2.5、2 个 2.5……10 元里面一共有 4 个 2.5 元。哇，这偷懒的司机，居然休息了 5 小时，怪不得被老板臭骂了一顿。”

“哇，用线段图来表示分段问题，果然一目了然呢。可是，我总觉得哪里不对，可是我又没有证据。”丝瓜一脸困惑。

“问题就出在了这里。”阿瓜指着线段图的后半部分，一语道破真相。

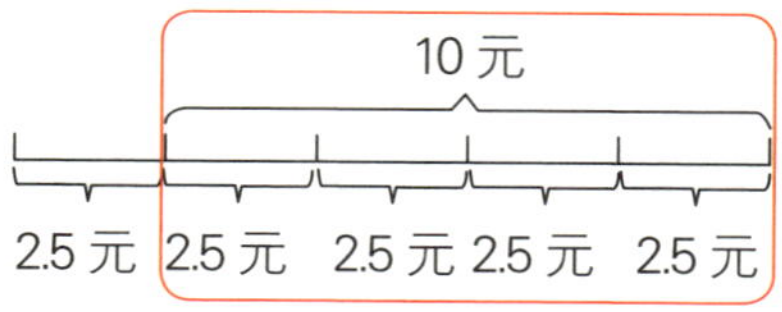

原来，超过 1 小时的部分，每 0.5 小时收费 2.5 元，也就是每小时收费 5 元。

0.5 小时—— 2.5 元

1 小时—— 5 元

因此司机停车总费用2.5+5+5=12.5（元）一共3小时。

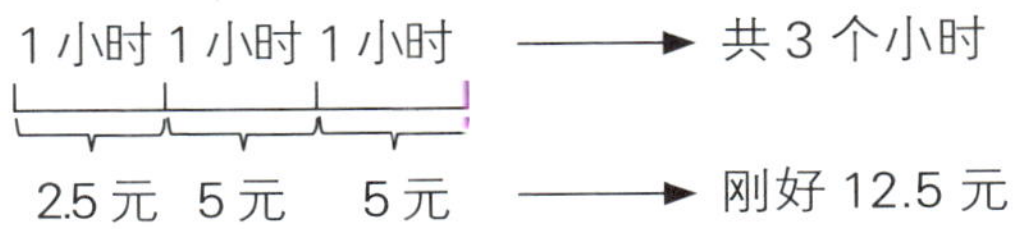

当然，除了画图，还可以列式计算。

先用总额减去第一个小时的钱：12.5 − 2.5 = 10（元）。

剩下10元钱，每半小时收费2.5元，10÷2.5 = 4（个），即4×0.5小时 = 2小时。2+1 = 3（小时）。

“糟糕，果然是我算错了。司机的停车时间是3小时，而不是5小时。”逗豆解释道，“不过这司机工作时间竟然休息了3小时！真是偷懒呀！怪不得他被老板贴上不认真的标签呢。”

“原来被冤枉的不是看起来老实的司机师傅，而是老板呀！我们错怪老板了。”学豆说道。

“是呀，万万没想到，司机师傅看起来老实，却如此爱偷懒。这真是‘人不可貌相，司机不可偷浪’！”丁豆失望地说。

“偷浪？是偷懒吧！”逗豆说。

“错啦，偷浪才押韵呀，既偷懒，又浪费。”丁豆解释道。

“阿瓜太厉害啦，不愧是我们学园的小小侦探，真是名不虚传。”丝瓜称赞道。

公平的游戏

知识点拨

有的人遇到二选一的难题时，往往会掏出硬币来作决定，因为硬币掷出正面和反面的概率是一样大的。

每个男孩的心中都有一个篮球梦，逗豆和阿瓜也不例外。

课间，他们正在进行一场激烈的单挑斗牛赛……

体育委员丝瓜担任本场比赛的裁判。一声哨响，两人的大战一触即发。只见逗豆犹如离弦之箭，以迅雷不及掩耳之势，径直冲向篮筐，迅速突破阿瓜的防线，拿下第一个 2 分。

木木瓜现场解说：“哈哈哈，两点之间，线段最短！逗豆找到了到达篮筐最近的距离，难怪几步就到了篮下。”

麒麟瓜说："一寸长一寸强，篮球这运动，身高体壮就是有优势啊！"

学豆也附和道："就是、就是，逗豆这体格，完胜阿瓜呀！"

话音刚落，阿瓜抢下篮板球，运球到三分线外，一抬手，投进了一个3分球。

这下麒麟瓜和学豆的态度马上发生变化了。只听到麒麟瓜说："一寸短一寸险，篮球这运动，投篮准才是硬道理啊！"

学豆也附和道："就是、就是，又不是举重比赛，身高体壮反而显得笨拙。"

两个女生的对话把木木瓜逗笑了，他说："你们可真行啊，怎么说都有道理。我倒要问一句，你们觉得谁会获胜？"

这下可把麒麟瓜和学豆难住了，场上两人你来我往，难分难解。2分、3分……双方比分交替上升，谁也没拉开差距。

木木瓜见两个女生犹豫不决，便说："这样吧，麒麟瓜猜逗豆获胜，学豆猜阿瓜获胜。我帮你们做裁判，猜错的人请我吃冰激凌。”

麒麟瓜和学豆一听，跳了起来，说：“你可想得美，不管我们谁猜错，你都能吃上冰激凌。”

木木瓜哈哈大笑，说：“不要小气呀，你们舍不得请我，我就自己买呀。”

这么一说，两个女生也不好意思再说什么。

三个小伙伴说话的这会儿，时间一分一秒地过去了。比赛马上结束了，比分一直定格在10:10。逗豆和阿瓜体力下降严重，喘着粗气，都投不动了。随着丝瓜一声哨响，比赛结束，10:10，逗豆没赢，阿瓜也没输。

丝瓜正要宣布双方打成平手。这时木木瓜不干了，他想如果打成平手，那自己的冰激凌可真泡汤了。

木木瓜冲着丝瓜喊：“裁判同志，打得这么辛苦，没分出胜负，那不是白打了！”

丝瓜说：“那没办法，时间到了，比分一样，握手言和也很正常啊。”

木木瓜又说：“可以加时赛啊，正规比赛都是这样，篮球比赛哪有平局的，都得加时呀。”

丝瓜一听，有道理呀，只听说足球比赛有平局，篮球比赛确实是要分出胜负。他准备宣布开始加时赛。

这时逗豆和阿瓜也不干了。他们刚擦干身上的汗水，换下湿背心，喝着运动饮料，可不想再上场拼杀了。

木木瓜看他们坚决不上场的样子，念头一转，说：“既然你们跑不动了，那我们想个其他方法比出胜负吧。”

麒麟瓜说：“体育比赛还是用体育的方式决出胜负。”

丝瓜问：“怎么比？”

麒麟瓜说：“让不会打羽毛球的学豆击出一拍，羽毛球落到界外算逗豆赢，球落在界内算阿瓜赢。”

木木瓜听了直点头，说："可以，只要能分出胜负就可以。"

丝瓜摇了摇头说："那可不行，逗豆和阿瓜的比赛由学豆决定胜负，这可不公平。"

学豆说："是啊，还是交给他们两个自己决出胜负吧。"

木木瓜想了想说："我有个最公平的方法决出胜负。"

丝瓜说："说来听听。"

木木瓜说："投硬币的方式最公平。"

逗豆和阿瓜听说用掷硬币的方法决出胜负，可以不用再上场比赛了，也同意了。

大伙商量好了，准备开始掷硬币。

学豆想了想，突然问："硬币正面朝上和反面朝上的概率真的一样？"

大伙儿一听，都说硬币扔出去不是正面就是反面，当然公平了。

麒麟瓜说："我们学习'可能性'这个单元时玩过掷硬币，当我们只投十次时，硬币正面朝上和反面朝上的情况并不都是正好五五分。但是随着我们全班一起投了更多次，从实验总次数中就发现，硬币正面朝上和反面朝上的情况逐渐趋向了相等。”

木木瓜：“是的，正面出现的可能性是百分之五十，反面出现的可能性也是百分之五十，绝对公平。你就不要杞人忧天了。”

认真的学豆说：“你这话就不一定对哦。硬币投出去，如果硬币不偏不倚正好立在桌面上，那就不是正面也不是反面，投出正反面的概率真的各占百分之五十吗？”

木木瓜笑着说：“你想得可真周到。不过硬币立在桌上的概率可以忽略不计，即便因此不能算各占百分之五十，也不影响正反面出现的概率是一样的。”

听这么一解释，学豆也没有异议了。大家都说，只要游戏公平就好。

裁判员丝瓜当场拍板制定规则：硬币正面朝上算逗豆赢，反面朝上算阿瓜赢；如果硬币立在桌面上，重来。

只见，丝瓜抬手一掷，硬币在桌面上转个不停。小伙伴们目不转睛地盯着硬币，焦急地等待着胜利者的诞生。只有木木瓜最放松了，毕竟不管谁获胜，自己的冰激凌到手了。

正正帽与歪歪帽

知识点拨

学会计算三角形面积的方法。底相同、高相等的三角形面积一样大，这些三角形“同底等高”。你能画出几个同底等高的三角形吗?

三月三日是豆瓜学园的“帽子节”，在这一天，豆瓜学园的小伙伴们都要戴着帽子上课。

相传，这是豆瓜大侠师父的师父的师父定下的节日。在很久很久以前的这一天，学园发生了一件重大事件。帽子节的典故口口相传，可是时间太久，传着传着，大家都只记得开心过节，却忘记了节日的缘由。

三月三日这天，教室里热闹非凡。小伙伴们的帽子形态各异，有的方、有的长，还有的扁……

但是，如果你注意观察，就会发现今天帽子节上的

帽子虽然形状各异，却有个统一的地方。原来，帽子节规定：展示的帽子高度都得是 33 厘米。

逗豆作为班长，向来行得正、坐得端，正义感十足。因此，他昨晚纯手工制作了一顶“正正帽”。这顶帽子从正面看，是一个正三角形。逗豆戴着这顶象征着正义的帽子，威风凛凛。

这时，小机灵鬼丁豆从远处颤颤巍巍地走来。他滑稽的步伐，逗得大家既想扶他，又忍不住笑他。原来，他戴了一顶又长又歪的帽子，压得他重心偏移，走路自带“曲线”。

“看，我这顶帽子有个性吧？我应该是今天豆瓜学园里最靓的学生啦！”丁豆说道。

阿瓜说道：“哈哈哈，是不是最靓的我不知道，但一定是最歪的啦。逗豆的帽子叫‘正正帽’，你这顶帽子想必是它的兄弟‘歪歪帽’吧。”

“丁豆，你这顶帽子的高度超标了吧？”小瓜突然发现这顶帽子有点不对劲。

他这么一说，小伙伴们才想起帽子节的规定。对呀，这帽子斜着生长，可比逗豆的正正帽长不少！

“我看你的歪歪帽，很费布料吧？它的角多长呀？看正面就知道肯定面积比我的帽子大。”逗豆说道。

丁豆据理力争，说道：“不对，正正帽从正面看面积更大，它一定比歪歪帽更费布料。”

“正正帽大！”

“歪歪帽大！”

两方小伙伴们争执不下，阿瓜连忙出来打圆场。

阿瓜说道："三角形的面积＝底 × 高 ÷2，咱们算一算每个帽子正面的面积就知道了。数学一向严谨，能动手就不动口，量量见分晓。"

阿瓜掏出直尺，先量了量正正帽的高度，正好是 33 厘米。

接着，他准备量一下歪歪帽的高度是否超标时，发现这歪歪帽又斜又长，它的高该怎么量呢？

丁豆不慌不忙地说道："三角形的高是顶点到对边的距离，你可不要量错啦。"

小瓜犹豫地说："这么歪的帽子，顶点到对边的垂线要怎么画呀？"

阿瓜胸有成竹地说："放心吧，点到直线的距离不受位置影响，看我的！"

只见阿瓜把歪歪帽铺在桌面的白纸上，将底边朝着顶点的正下方延长，最后果然画了一条从顶点到这条直线的高。他量了量惊呼道："丁豆，真有你的，高是 33 厘米，果然没有超标啊！"

丁豆得意地说："为了这个帽子，我可是查了许多

三角形的外高的资料，是不是有点特色？”

小伙伴们纷纷表示佩服。小瓜提醒大伙儿：“还要比一比两顶帽子正面的面积呢。”

丁豆说：“这好办，再量一下底，求出面积就清楚了。”

阿瓜说：“别急，我还有一个重大发现。”他把逗豆的正正帽叠在了歪歪帽上面，没想到，它们的底边居然是重合的。然后他又掏出笔和一副三角尺，在白纸上沿着两个三角形最上方的顶点画了一组平行线。

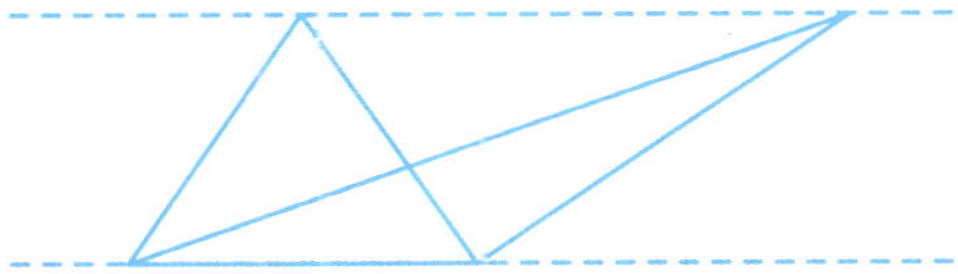

“你们瞧，这两个三角形有什么特点？”阿瓜问。

这两个三角形正好在同一组平行线之间，因为平行线间的垂直线段处处相等，而它们的高就是这样的垂线段，所以它们的高相等。而且它们共用一条底，所以底相同。底相同，高相等，那么面积自然相等啦！

这下，小伙伴们都看懂了，正正帽和歪歪帽的正面一样大。两方争执不下的声音也被不约而同的掌声替代。

哈哈哈哈！不出意外，班主任豆瓜大侠总是在最后时刻出现。

豆瓜大侠赞许道：“孩子们，你们已经能用数学的思维来思考世界了，为师甚是欣慰。像这样底相同、高相等的三角形，我们说它们‘同底等高’。怎么样，这个帽子节还不赖吧？你们又在生活中学会了一个新的数学知识。”

原来，在很久很久以前，豆瓜大侠的师祖特别喜欢戴帽子。而且他发现，帽子的高度是33厘米时最好看、最有型。可是，向来追求新鲜感的他每天都想戴新帽子，怎样才能做出不重复的帽子呢？他冥思苦想，终于在某一天，他利用“同底等高”的知识，做了许多顶高度都是33厘米但形状各不相同的帽子。

这些帽子为什么长不高呢？原来这些帽子都被一组平行线夹着，虽然它们面积相等，但形状不一。

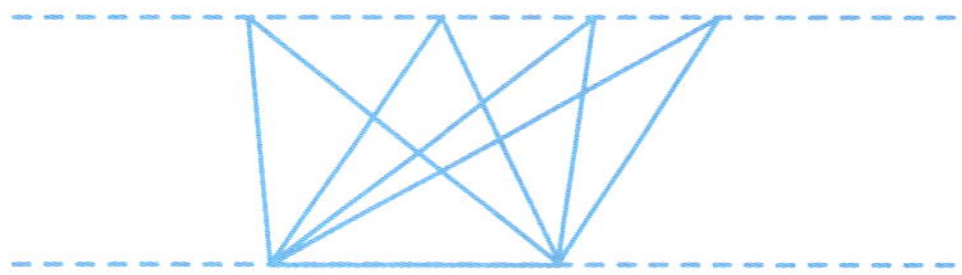

没错，你一定猜到了。为了纪念33厘米的完美高度，他就把帽子节设置在了每年的三月三日这天。他规定这一天，不管戴着什么形状的帽子，都要统一在33厘米这个高度。

相传，师祖对33厘米可不是一般的迷恋。据说，他留着一头飘逸的长发。没错，头发的长度保持在33厘米！哈哈哈哈！

“魔方”几面甜

知识点拨

学会数出大正方体中各种涂色小正方体的数量，发现其中蕴含的规律。在观察、想象和分析的过程中，感受数学的魅力吧。

“看，我最爱的蛋糕店上新品啦！他们推出了一款魔方蛋糕，咱们今天约个下午茶如何？”丁豆满心欢喜地向小伙伴们推荐他最爱的蛋糕店。

丁豆一行人一拍即合，相约品尝新美食。

魔法蛋糕“糕”如其名，是一块棱长约为 1 分米的正方体蛋糕，被切成了几个正方体小方块，从远处看，就像魔方一样。

店员介绍道：“这款魔方蛋糕老少咸宜，它的表面涂着香甜可口的奶油，喜欢吃甜的小伙伴可以选奶油多的，不太喜欢吃甜的也可以选无奶油的。”

小伙伴们分别买了巧克力、榴梿和抹茶三种口味的魔方蛋糕，准备一饱口福。

丁豆说：“和你们商量一件事，我最喜欢巧克力味了，切开后三面都有巧克力奶油的蛋糕，给我吃可好？”

众人看到丁豆垂涎三尺的模样，答应了他的请求。丁豆横着一刀、竖着一刀，侧面又来了一刀，三刀把魔方蛋糕平均分成了 8 块。大家定睛一看，才发现被贪吃的丁豆坑了。这么切，每一块小正方体竟然都是三面撒有巧克力奶油！

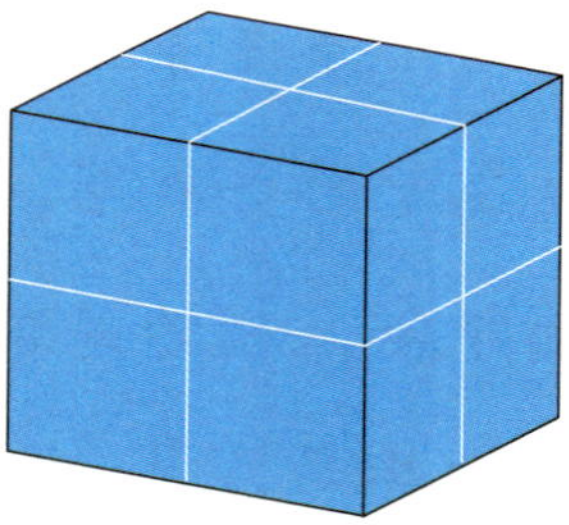

逗豆说道：“丁豆，第二块是抹茶味的，最甜的当然留给最爱吃甜食的你啦。这次三面有抹茶奶油的还是给你吃，怎么样？”

丁豆心里嘀咕着：“竟有如此好事？”

“不过……这次我来切。”逗豆坏笑着补充道。

只见他干净利落，横着2刀、竖着2刀、侧面又2刀。不一会儿的工夫，蛋糕就切好了。

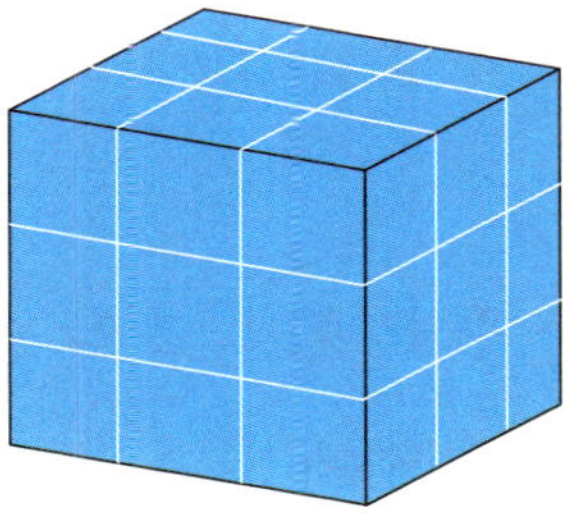

“哈哈哈，这次你还能吃到8块，稳赚不赔。”逗豆说。

“真的有8块？”丁豆揉了揉眼睛，认真地数了起来：一面有抹茶奶油的有6块，两面有抹茶奶油的有12块，三面有抹茶奶油的有8块。逗豆没有骗人，只是……好像哪里不太对呀？

阿瓜说道：“哈哈哈，丁豆被忽悠啦。3×3×3，这次魔方蛋糕被平均切成了27块，每块的体积自然也小了。此8块非彼8块呀！”

开心豆眉头紧锁，反复地数着三面、两面和一面有抹茶奶油的小块，一脸疑惑地问道：“明明只有26块呀，哪来的 27 块？”

阿瓜把蛋糕分给小伙伴们，分到最后，中间还藏了一块，一点儿抹茶奶油也没有。

开心豆不喜欢吃甜食，所以没有抹茶奶油的那块分给了她。

逗豆说道：“公平起见，最后一个魔方蛋糕，我们多切几块一面奶油也没有的给开心豆吧。”

“哈哈哈，班长果然最讲义气！可是，该怎么切呢？”开心豆问。

只见逗豆几刀落下，第三块蛋糕便切好了。他一边分蛋糕，一边帮小伙伴们数着块数：“老规矩，丁豆喜欢吃甜的，三面都有榴梿奶油的给丁豆，还是 8 块。两面有榴梿奶油的有 24 块，一面有榴梿奶油的也有 24 块。没有榴梿奶油的有 8 块，给开心豆。”

“此时应该高歌一曲，我愿意一层一层一层

地剥开魔方的心。”阿瓜调侃道。

“咦，为什么每次三面有奶油的都是8块呢？”丁豆认真揣摩了一会儿，发现了端倪：原来切开后，三面都有奶油的蛋糕恰好在正方体的 8 个顶点处，所以不管怎么切，都是 8 块。

“不错呀，你已经能用数学的眼光看美食啦！”逗豆夸奖道，“两面有奶油的块数也暗藏玄机呢。”

原来，切开后，两面有奶油的蛋糕在整个魔方蛋糕每条棱的中间部分，也就是每条棱去掉顶点上的 2 小块蛋糕后余下的部分。我们就叫两面有奶油的小蛋糕“两面甜”吧！抹茶魔方蛋糕，每条棱上的“两面甜”有 1 块，共有 12 条棱，一共 12 块。榴梿魔方蛋糕，每条棱上的“两面甜”有 2 块，共 12 条棱，一共有 24 块。

“只有‘一面甜’的呢？”丁豆问道。

其实，“一面甜”的小块在每面的中间，就是每面去掉边上的 4 个，剩下的那些。抹茶魔方蛋糕有 6 块“一面甜”，榴梿魔方蛋糕有 $6 \times 4 = 24$ 块。

至于没有奶油的小块嘛，它们藏在蛋糕的中心处。抹茶魔方蛋糕只有 1 块，而榴梿魔方蛋糕有 8 块。当然啦，切的块数越多，开心豆能吃到的部分也越多。

没想到蛋糕里还藏着这么多数学学问呢。小朋友，你喜欢吃几面甜的蛋糕呢？你找到了哪些规律？快和你身边的小伙伴分享吧。

魔法城堡里的分糕风波

知识点拨

用图形的面积表示乘法分配律，会使你更熟练地掌握乘法分配律哦。

“猜猜看，我最喜欢的节日是哪一个？”阿瓜问道。

“莫非是春节？因为每逢春节，必是寒假。”逗豆说道。

“错，我最喜欢六一儿童节。因为每年的儿童节，豆瓜大侠都会给我们准备神秘大礼。”阿瓜说。

“六一节还是咱们儿童限定节日，听说，满 14 岁就不能再过儿童节了。掐指一算，我们还有 3 年，且过且珍惜。”逗豆感叹道。

一转眼，万众瞩目的六一儿童节到了。

无人谷是学园区里一片神秘的山谷，大家每年都喜欢在这里举办各种庆六一的活动。今年六一轮到豆瓜学园拥有山谷的使用权了。

今年的无人谷里“六一”活动主题是“魔法学院”，出席的小伙伴们纷纷装扮成魔法学院的学生们。

逗豆扮演的是阿利，他戴着圆形的眼镜，脚踏电动独轮车，手上提着一个长方体的灯笼，在学园的小花园里穿梭。

阿瓜戴上了金色的假发，披着长斗篷，拿着魔法棒，假装自己是热爱魔术的少年萨恩。

开心豆和赫尔一样，有一颗爱冒险的心。她正对着学园大门嘀咕魔咒：“阿拉霍洞开。”

这时，豆瓜大侠穿着一袭黑衣，贴着花白的大胡子迎面走来。他瞬间便成了全场的焦点。

“看，豆瓜大侠来啦！”

“不对，今天应该是邓布利多呢。”

豆瓜大侠清了清嗓子，说道：“咳咳，可爱的小豆瓜们，今年我为你们准备的礼物叫‘分享’。”他打开盒子，大家看到盒子里面有许多翻糖蛋糕。

豆瓜大侠说：“你们每两个人为一组，一起分一块蛋糕吧。”

逗豆拉了拉阿瓜的手，说道：“逗豆阿瓜是一家，不如我们一起分享。怎么分比较好呢？”

“这个简单，一刀‘两段’，只要用刀随意切一下，就可以把这块蛋糕分成两份了。”丝瓜刚想举起手中的刀，开心豆不同意了。她说：“要平均分才公平些。”

“开心豆说的有道理。你们瞧，我这有两个一样大的魔法帽，它们的底面是圆形的，不如按着底面的形状来切，这样分出的蛋糕一模一样。”可爱豆说。

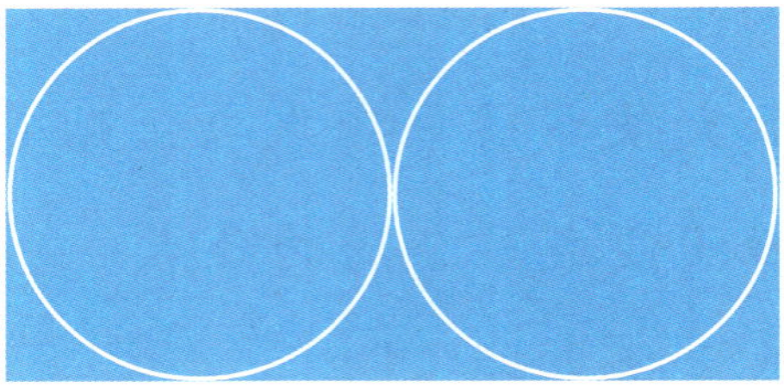

“这可不行，这样分，虽然分出的蛋糕一样大，但剩下的部分太浪费了，我们可是勤俭节约的好豆瓜呢！”学豆说。

“圆形不能密铺，不如我们用长方形分吧，这样就不会浪费啦。”话音刚落，雷厉风行的麒麟瓜就挥刀把蛋糕分成了两份。

“糟糕，你分得好像不平均呀！”众人惊呼。

“先下手为强，我要右边的！”阿瓜说道。

“哼，明显右边的比较大，我也要右边的。”逗豆叫道。

“既然这样，不如我们以智力取胜。”豆瓜大侠看二人争执不下，连忙想到新点子。他挥着魔法棒，指了指蛋糕的边，说道：“我们假设这条边为 a，这条边为 b，这条边是 c。谁能表示出蛋糕的总面积，谁就先选。”

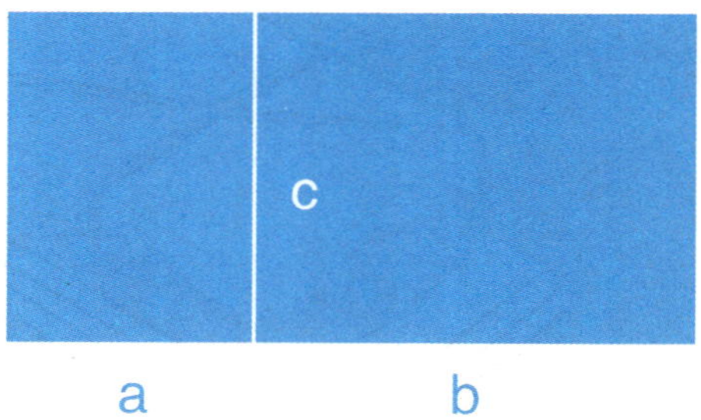

“小块的蛋糕面积是 ac，大块的蛋糕面积是 bc。那整块蛋糕的面积是……”开心豆说道。

“把两块加起来，不就是 ac+bc 嘛！”逗豆抢答道。

“还可以这样想呢。我把整块蛋糕的长乘宽，就是（a+b）×c。”阿瓜说。

豆瓜大侠欣慰地说道：“看来，为师没有白教你们呀。ac+bc 和（a+b）×c 都表示整块蛋糕的面积，它们是相等的。”

众人揉了揉眼睛，仔细一看，果真如此。他们还发现了其中的奥秘：ac+bc =（a+b）×c，这不就是乘法分配律嘛！

麒麟瓜一脸震惊：“哈哈哈，没想到我麒麟瓜随手一切,还切出了运算定律呢！以后,请叫我分糕小能手。”

“应该是分糕小能瓜！”众人调侃道。

“既然你们发现了其中的奥秘，那我再送你们一句话，你们就永远不会忘记乘法分配律了。”豆瓜大侠说，“大侠爱逗豆 + 大侠爱阿瓜＝大侠爱逗豆和阿瓜。”

逗豆和阿瓜感受到了大侠的良苦用心，不禁惭愧自己刚才还在为争夺 ac 还是 bc 吵吵闹闹。

这时，阿瓜又举起刀子朝着蛋糕切了一刀。

小伙伴们一看，这下蛋糕成了四块。逗豆和阿瓜相视一笑，分别拿走了一个三角形和一个梯形。

学豆叫道：“这下你们拿到的每一块都不一样大了！”

“不过，你们拿到的蛋糕面积却一样多了，哈哈。”学豆又接着说。

麒麟瓜也说：“是的，你们拿走的部分拼出来是一样大的三角形，都可以用（a+b）×c÷2求面积。”

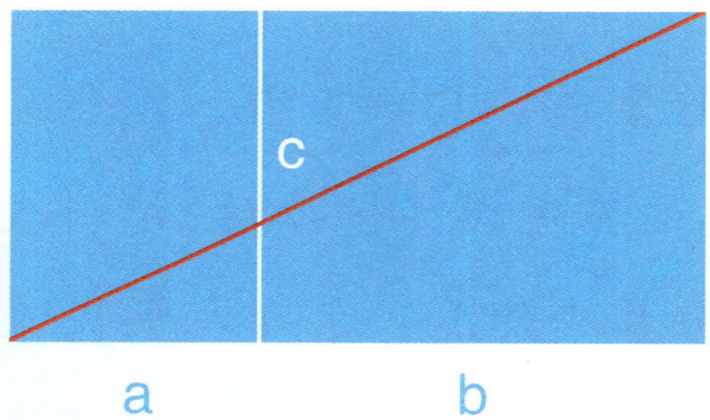

小朋友们，猜一猜，阿瓜是怎么切的呢？逗豆和阿瓜分别拿了哪两块呢？

马拉松赛跑里的美食“陷阱”

知识点拨

思考一下马拉松赛跑故事中的“植树问题”，明白两端都栽、两端不栽和只栽一端的方法。

“最后 100 米啦！冲呀！”

一年一度的学园马拉松比赛即将开始啦！今年，在豆瓜大侠的鼓舞下，豆瓜学园的小伙伴们打算一块儿报名参加 5 千米健康跑。每天放学后，他们都相约操场，进行体能“大角逐”。

丝瓜是体育健将，一放学，他便成了大家的体能教练。

“快冲呀！小瓜，你是最后一名啦！”丝瓜一边吹哨子，一边敦促跑在最后的小瓜。他一丝不苟的模样，像极了“黑面教练”。

小瓜累得气喘吁吁，就在她快坚持不住的时候，突然脑子里闪现出豆瓜大侠的一句经典名言：“两点之间，线段最短。”

小瓜左右瞥了一眼，趁着没人注意的时候，在跑道的转弯角抄了近道，成功少跑了 100 米。

“小瓜，你还差 100 米呢。”果然，什么都躲不过“黑面教练”的“全球眼”，小瓜的伎俩最终以失败告终……

“太难啦，我终于跑了 10 圈了。”小瓜累得喘不上气，“跑马拉松虽然健康，但……太费胖子啦。”

“哈哈哈，你也不胖呀，只是脸有些圆乎乎的。”善解人意的可爱豆一边给小瓜递毛巾，一边笑着安慰道，“不过，一口气跑完10圈，是太辛苦啦。”

小瓜掐指算了一下：5千米是5000米呢，学校操场的跑道一圈才400米。这么一算，跑完5千米得12圈半呢！她每天浑水摸鱼跑完10圈，就已经耗尽所有体力和脑力了。一想到这儿，小瓜越发觉得后背发凉。

“小瓜，看，你的最爱！”逗豆拍了拍小瓜，并给她递了一条巧克力。此刻的逗豆就像小瓜的救星一般。

“哇，不愧是我们最爱的班长，给我一条巧克力，我还能再跑10圈！”小瓜激动地跳了起来。

很明显，小瓜再跑10圈是不可能的。不过，美食的确能激发小瓜的斗志。于是，“黑面教练”丝瓜灵机一动，想到了一个好办法：“小瓜，从明天开始，我们换个有风景的路线吧。从校门口出发，绕红旗公园跑回校门口，这样正好是5千米。为了让你绕圈不无聊，我在你跑步的路上设置奖励点，如何？”

小瓜一听有奖励，立马竖起耳朵，兴奋地问：“哈哈哈，什么奖励？说来听听。莫非是我最爱的巧克力？”

丝瓜得意地说道：“你猜对啦，我打算每 500 米设置一个奖励站。只要你跑到奖励站，就可以拿到一块巧克力，不过起点和终点可没有。”

小瓜一听，高兴坏了，像瞬间充满电似的，一口答应了。

丝瓜看到小瓜两眼放光，想着小馋猫已上钩，继续加码说道：“不过，从明天开始，你要认真跑满 5 千米哟。”

“哎，事情果然没有这么简单，走过最长的路，就是丝瓜的套路了。”不过，小瓜纠结了一番，还是答应了他。

小瓜心想：从明天开始跑 5000 米，每跑 500 米就能拿到一块巧克力。虽然跑得累，但是坚持一下，跑完就可以拿到 10 块巧克力了。

第二天，小瓜果然跑得更卖力了。每跑到一个奖励站，她就伸手揣了一块巧克力放进口袋。巧克力仿佛有神奇的魔法，让小瓜今天跑步的速度比平时快了不少呢。

300 米……200 米……100 米……抵达终点！

揣着满满一口袋巧克力的小瓜看起来更可爱了。正当她准备品尝“胜利的果实”时，小瓜却突然发现了问题。

“丝瓜，你作弊，还少给了一块巧克力呢。”小瓜一边喘气一边喊道。

“1、2、3……8、9。”丝瓜数了数，“没错呀，9 块巧克力，不多不少，正正好呢。”

“不对不对，虽然体育不是我强项，但小瓜我数学可好了。”小瓜不依不饶地跟丝瓜比画着，“你瞧，5

千米也就是5000米，我每跑500米能拿到一块巧克力。5000里有10个500，我可以拿到10块巧克力。”

前来围观的逗豆和丁豆听后，都觉得有道理，频频点头。丝瓜总觉得自己没错，却不知道如何反驳小瓜，着急得脸都红了。

“哈哈哈，关键时刻，还得看我。”豆瓜大侠一边挥着扇子，一边从树荫里走来，宛如足智多谋的诸葛军师，“丝瓜，你要相信自己。”

听完豆瓜大侠的一句话，丝瓜瞬间有了底气，腰板都挺直了。

豆瓜大侠在草地上画了一个圈，又画了一些小线段，说道：“你们瞧，把这个圈看作5千米，每500米分为一段，一共有这样的10段。”

逗豆、丁豆、小瓜三人一脸疑惑地看着豆瓜大侠，问：“明明有10段500米，每段对应一个奖励站，正好有10个奖励站呀。”

豆瓜大侠画着图，笑着说道：“事情没有那么简单，起点和终点不设置奖励站，所以最后一段500米，没有奖励站与它对应，当然是 10 − 1 = 9（段），也就是 9 块巧克力啦。”

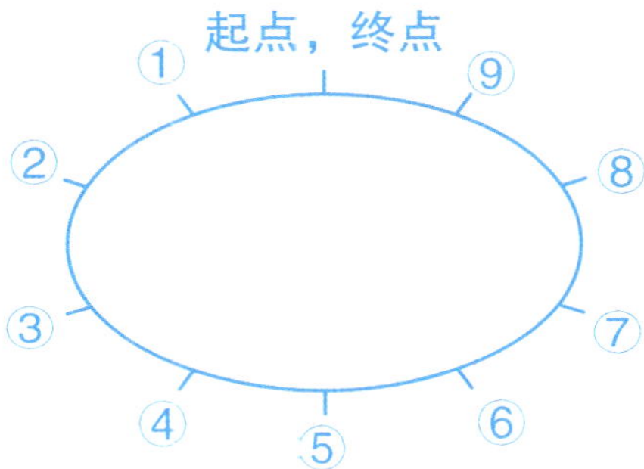

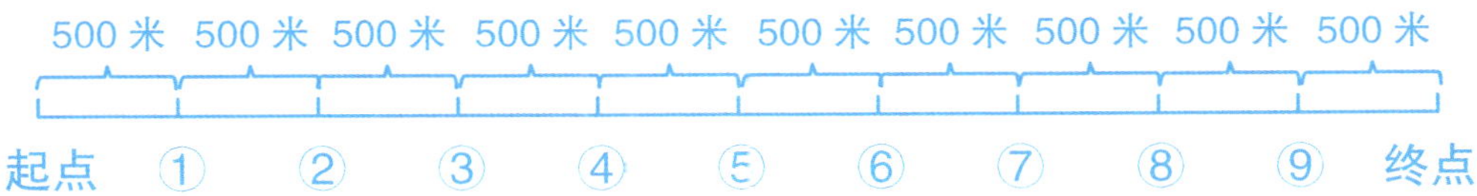

这会儿，小伙伴们都已经看出来了，5000÷500−1=9。小瓜能拿到的果然只有 9 块巧克力。

“明白了吧，这就是植树问题中两端都不栽的情况。”大侠笑着说，“至于植树问题中的其他情况，你们赶紧去书上看看吧”。

厉害了，豆瓜大侠，植树问题这节课在跑道上他就给小伙伴们上完了。

善变的猫咪

知识点拨

学会观察物体的方法，知道从正面、侧面、上面等不同角度观察同一个物体，看看不同面的形状有什么不同。

“兄弟们，重磅消息，学园大卖场今天正式开业啦！”逗豆拿着大卖场的宣传单，一路喊一路蹦跶进教室，“周末我们组个局，一块儿去探探店如何？”

“行呀，听说大卖场里入驻了一家阿乐模型店。我从小就喜欢玩拼装模型，机会难得，一定要去看看呀！”阿瓜兴奋地说。

逗豆、阿瓜和麒麟瓜三人一拍即合，相约周六早上十点在学园大卖场门口见面。

转眼到了周六，进门时，三位小伙伴还因为在不同的位置等待其他人而闹了一出乌龙。原来他们三人确定了相约的时间和地点，却忽略了大卖场竟然有三个大门。逗豆在大卖场东面的 1 号门，阿瓜在西面的 2 号门，麒麟瓜则在北面的 3 号门。

逗豆的正前方有一面模型墙，阿乐模型店就在旁边。麒麟瓜所在的大门旁边则是一家潮牌店和电玩店。至于阿瓜，他的旁边是一家奶茶店。

就这样，都准点到达学园大卖场门口的三位小伙伴，分别在门口等了好一会儿。

最终，还是逗豆发动了他一流的催人技能，拨通了阿瓜和麒麟瓜的语音通话，才发现他们虽然身处同一家大卖场，但从不同的方向观察，看到的事物自然也不同了。

不过，这只是三个小伙伴体会“观察物体，不能只从一个方向看”的一个序曲。

历经一番波折，三人终于在阿乐模型店见面了。店里琳琅满目的模型让三人应接不暇，连连惊叹。

进入店里，映入眼帘的是一座动物园模型。逗豆一边举着手机，一边绘声绘色地做起直播：“看，这个模型的高度约 74 厘米，宽度约 50 厘米，由 4000 多块积木组成。从正面看，两只小熊正站在台阶上，跟大家招手呢！从左边看，一只长颈鹿正伸长脖子在吃叶子。从上面看嘛……”

“哈哈哈，这个动物园模型太高了，加上橱窗的高度，它的高度比我们的身高高了半个脑袋呢，咱们可见不到它的上面。”阿瓜调侃道。

一番挑选后，三人锁定购买目标——一只玩皮球的小猫。下单后，三人兴奋地来到休息区，准备大展身手。吸取了在大卖场大门“迷路”的经验，三人在拼模型之前，认真观察了小猫模型的成品图。从正面观察，有36块大小不一的积木。从左边观察，小猫的身上有蓝白相间的条纹。从上面观察，小猫戴的帽子是圆形的，模型底部还有一个正方形的底座。

三人分工明确：逗豆负责看指示图确定积木的形状；麒麟瓜负责在眼花缭乱的积木零件中快速锁定目标；阿瓜负责拼模型。就在大家准备自信满满地开始动手时，乌龙又发生了……

“麒麟瓜，小猫的肚子中间有一块白色的长方体积木。”逗豆说。

收到指令后，麒麟瓜快速地在零件中找到白色长条积木并递给阿瓜。

“错啦错啦，这根积木太长了，比小猫的身子还长出一截呢。”阿瓜说道，“你们瞧，这样拼，小猫仿佛多长了一条尾巴。”

“哈哈哈哈，这条尾巴还是长方体的呢！”阿瓜的一句话把逗豆逗得哈哈大笑。

“可是，指示图上画的这个位置的积木，看起来就是白色长方形呀。”麒麟瓜不解地说道。

“不对，你们看，这块白色积木从正面看也是长方形的呢。”眼尖的逗豆在零件中又找到了一块相似的积木。

三人认真对比后，恍然大悟。原来，这两块积木从正面看，都是形状相同的长方形，可从上面看截然不同。一块上面有 4 个小圆点，而另一块足足有 8 个小圆点呢，个数是它的 2 倍！

经过一番仔细的寻找，他们一共发现了3个“孪生兄弟”。这三兄弟从正面看，都是大小形状完全相同的长方形，从上面看，“暗藏玄机”。有的上面有8个圆点，有的有4个，还有的只有2个。

逗豆说道：“拼装模型看起来容易，没想到其中有好多的小细节呀。”

阿瓜说：“是呀，这只小猫咪可真‘善变’呀！从前、左、上面等不同方向观察，它的模样还不相同。”

麒麟瓜说：“不仅如此，从同一个方向观察，形状一样的积木，也有好多种。”

就这样，三个小伙伴相互配合，从不同方向分别观察并找到了每一块积木，最后把它们组合到了正确的位置。一番操作下来，终于搞定了这个模型。

一天忙活下来，对于观察物体，小伙伴们积累了足够多的经验——那就是全方位、多角度、交叉观察！

“魔数”大师的神秘宝石

知识点拨

用方程解决复杂的数学问题时，先假设，再列数量关系，最后列方程，问题就轻松解决啦。

最近，豆瓜学园的周边又发生了许多新鲜事。

煎饼摊老板推出了新品，每天放学排队买煎饼的同学络绎不绝；文具店的阿姨养了一只小奶猫，小女生们都喜欢成群结伴地蹲在文具店门口观察小猫；校门口旁的石墩被涂绘成各种可爱的卡通人物，引来不少路人围观拍照。

当然，最博人眼球的莫过于学园附近出现了一位帅气幽默、人气极高的“魔数”大师——豆瓜学园门口新开的魔术小屋的老板，他不仅教小朋友们变魔术，还能为他们排忧解难。因此，这位“魔数”大师已经收获了不少“小迷弟”和“小迷妹”呢，可爱豆也是其中一员。

“逗豆，你听说了吗？最近我们学园周围出现了一位风云人物！”可爱豆一边摇着逗豆的手，一边兴奋地说。

“哈哈哈，有多厉害？莫非他能上天遁地、呼风唤雨，无所不能？”逗豆不可置信地看着可爱豆。

“你说的那是齐天大圣孙悟空吧，我说的这位风云

人物可是一位凡人。”可爱豆一脸崇拜地说道，“不过，他有一项神奇的技能，那就是……”

“你可别卖关子啦！我现在对他越来越好奇了。”逗豆一脸疑惑。

“他是咱们学园门口的魔术师，叫小方，他会变各种神奇的魔术。他能从帽子里变出一只白鸽，还能让硬币凭空消失呢！”可爱豆说道，“不过，我喜欢叫他‘魔数’大师，这个‘魔数’是数学的‘数’。”

原来，有一天，可爱豆被一道数学难题困扰许久。在放学回家的路上，可爱豆一直愁眉不展，唉声叹气。正巧，她偶遇了这位“魔数”大师。神奇的是，小方仅仅从口袋里掏出了一块神秘宝石，就让可爱豆的数学难题迎刃而解了！

听完可爱豆的故事，逗豆对这位“魔数”大师更加好奇了。因此，他决定一睹小方的“芳容”。于是，他和可爱豆便相约放学后，一起去魔术小屋。

放学后，魔术小屋一如既往的热闹。前来围观的小伙伴们早已把小屋的门口围得水泄不通，可爱豆和逗豆费了好大劲才挤进小屋。

“可爱豆，今天你带着小伙伴一起来啦？”小方热情地向可爱豆和逗豆打招呼。

“听说你有一块能解数学难题的神秘宝石？”逗豆两眼放光，兴奋地问道，“能给我看看吗？”

“哈哈哈，原来你们感兴趣的不是魔术而是‘魔数’，看来你一定也是一个热爱数学的小朋友。我先考你一道数学题，如果你能答得上来，我就教你宝石大法，如何？”小方笑着说道。

小方继续说道：“魔术小屋里有女巫帽和礼帽，戴上女巫帽能变得力大无穷，戴上礼帽能隔空接物。女巫帽的数量比礼帽的 3 倍少 75 个，女巫帽有 495 个，那么你知道礼帽有多少个吗？”

可爱豆挠了挠脑袋，在草稿纸上列了好几个算式，还是没得出结果，最后无奈放弃。

(495+75)÷3=190(个)

逗豆在纸上画了线段图，又涂涂改改了好一会儿，最终得出算式（495＋75）÷3＝190（个）。他对自己的答案不太放心，又检验了一番：190×3－75＝495（个）。

逗豆虽然算出了正确答案，但可爱豆还是没看明白。

“我还有更好理解的方法，你们想知道吗？”小方一边说，一边掏出魔法宝石。

原来，这块魔法宝石还有一个外号，叫“小X”，专门为小朋友们解决复杂的问题。

小方把魔法宝石摆在桌上，说道：“我们可以假设X是礼帽的数量，那么你们能用它来表示女巫帽的数量吗？”

“女巫帽的数量比礼帽的3倍少75个，礼帽数量的3倍－75＝女巫帽的数量，女巫帽可以用（3X－75）表示。”逗豆和可爱豆异口同声地喊道。

小方继续在桌上写道：

解：设礼帽X个。

$$3X - 75 = 495$$

$$3X - 75 + 75 = 495 + 75$$

$$3X = 570$$

$$X = 190$$

“一共有190个礼帽。”可爱豆在一旁连连点头。小方的方法果然比逗豆的好理解。

小朋友们，你们看明白小方的方法了吗？其实，他的魔法宝石就是数学里的方程。遇到复杂的数学问题时，我们也可以列方程来解答。和算式法相比，方程直来直往，它能让复杂的数学问题变得通俗易懂。

你们想拥有这样一块神奇的魔法石吗？

其实，解决问题时，可以用任何一个字母来表示未知数，这样每个人就都能拥有一个“魔法石”了。

当然，如果你需要，多用几个“魔法石”也不是不行哟！

大家也动手试一试吧！

学园“师姐”杯

知识点拨

试试用方程正确计算出足球白色皮和黑色皮的块数。孩子们，先找到黑、白皮块数的数量关系，再动手算一算吧。

“冲！最后一球定胜负！”

足球场上，以麒麟瓜为首的豆瓜学园队和以快捷键为首的快乐学园队正在展开激烈的角逐。

足球运动被称为“世界第一运动”，也是学园间受到学生们欢迎的运动之一。两支球队按照一定规则在同一块长方形球场上互相进行进攻、防守、对抗，比赛既考验了队与队之间的对抗能力，又体现球队内球员间的默契配合。因此，学园之间每年都会举办学园足球“师姐杯”。

为什么是“师姐杯”呢？原来在学园中，女足运动开展得比较兴盛，因此每年都举办女足杯赛，于是大伙儿把“世界杯”改叫“师姐杯”。

在“世界杯”足球比赛中，由两队各派10名球员和1名守门员，共11人。不过，在学园的小型“师姐杯”中，进行的是5人制足球赛。

在一群队员中，麒麟瓜是豆瓜学园队的前卫。她是全队的核心人物，负责控制中场，是防守的屏障，又是前沿攻击的纽带。学豆是球队的中锋，她负责射门得分。今天她是全场的最佳球员，她以灵活的走位，不断扰乱快乐学园队的防线，为学园赢得了3分。

常规比赛时间内，双方场上比分3：3，豆瓜学园队和快乐学园队各得3分。按“师姐杯”的赛制，双方将在下午继续进行加时赛。

究竟谁将赢得胜利呢？

要知道“师姐杯”的赛制采用加时赛金球制，也就是说在下午的加时赛中，哪一队能率先踢进第4球，那队就直接获胜。

中午休息时，敏锐的豆瓜大侠发现球队的小伙伴们十分紧张，每个人都只是简单地扒拉几口饭，丰盛的训练餐都吃不下了。

大侠心想：“这可不行，太紧张会影响发挥的。我得想想办法，逗一逗他们，让她们放松一下。”

“休息时间还剩不少，不如我来考一考你们吧。”豆瓜大侠说，“我们都知道，足球是由黑色皮与白色皮组成的，你们知道它们分别是什么形状吗？”

“黑色皮是正五边形，白色皮都是正六边形。”大家异口同声地回答道。

“这对你们来说，果然是小菜一碟。那再来猜猜，一个足球中黑色皮和白色皮哪个多呢？”豆瓜大侠追问道。

“足球看上去白白的，一定是白色皮多。”

“黑色皮也不少吧，我猜黑色皮多。”

小伙伴们分为两个阵营，争执不下。

“足球展开图长这样，你们可得数仔细了。”豆瓜大侠掏出手机，快速亮出图片。

“1 个、2 个……”

说时迟，那时快，短短 3 秒时间，大侠迅速关闭手机屏幕。

“大侠，你太不厚道啦，速度这么快，我们都没数

清楚呢。”学豆摊手说道。

“这手速大于眼速啊，我们不服。”可爱豆说。

“哈哈哈，那我来揭晓答案吧。”豆瓜大侠说，“白色皮有 20 块，比黑色皮的 2 倍少 4 块。”

“这也算揭晓答案？比黑色皮的 2 倍少，这到底是多还是少呀？”可爱豆一脸疑惑。

“那总比瞎猜强多了，我们可以算一算呀。”学豆说，“不妨用方程来表示。”

性格直爽的麒麟瓜说道：“说起方程，我可太喜欢它直来直往的性格啦，从不拐弯抹角，看到什么就表示什么。只要找到问题中的等量关系，就可以按照事情发展的顺序把方程给列出来了。”

提到方程，便到了麒麟瓜的主场。她手舞足蹈地跟大家解释着列方程的过程——

黑色皮的 2 倍少 4 块＝白色皮块数，还可以用线段图表示：

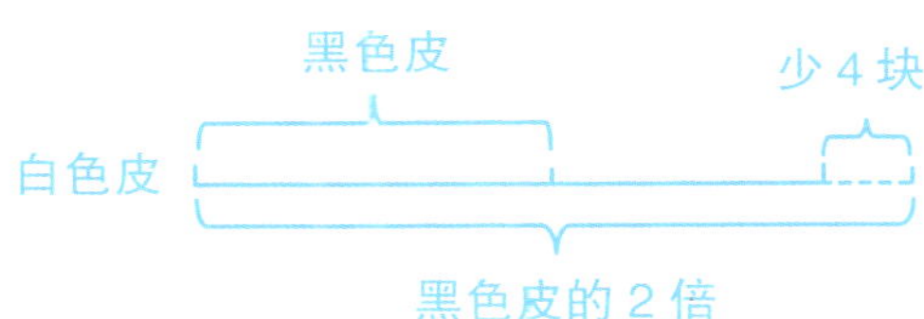

把黑色皮的块数设为未知数X，那么白色皮的块数就是（2X－4）块，方程就是2X－4＝20。

“哇，一顿操作猛如虎，我都忍不住为你鼓掌叫好啦。”开心豆一脸崇拜地说道。

“哈哈哈，我仿佛已经看到真相啦。”学豆说。

“我们该休息一会儿了。啦啦队的兄弟们，解它！解它！解它！”麒麟瓜喊道。

逗豆、阿瓜这些上不了场的男生们，赶紧开始解方程。

解：设黑色皮有X块，那么白色皮则有（2X－4）块。

$$2X - 4 = 20$$

$$2X - 4 + 4 = 20 + 4$$

$$2X = 24$$

$$2X \div 2 = 24 \div 2$$

$$X = 12$$

“足球看起来白白的，果真是白色皮多呢。”

“对呀，白色皮以压倒性的优势取得了胜利。”

“妙哉，方程果然是个直性子的大哥，解决问题简单粗暴。”

……

“孩子们，你们靠团队的智慧解决了这道题，既认识了方程，又对足球多了一份认识，真是一箭双雕！”豆瓜大侠长叹了一口气，心里暗自想道，“应该是一箭三雕，为师的妙计，让你们放松了不少，接下来定能轻松上‘战场’。”

“冲呀，孩子们，我们定能一举拿下此局。”随着哨声音落，休息时间结束。豆瓜学园的队员们再次动力满满地开始新的挑战了……

世界有多大

知识点拨

学会用方程计算出地球上海洋和陆地的总面积。你们想知道世界有多大吗？快来算一算吧。

“世界那么大，我想去看看！”

“可你知道世界有多大吗？”

“我知道，据说，1 亿个小学生手拉着手，可以绕地球赤道 3 圈半。那世界一定很大很大。”

“据说，45 亿年前，地球刚刚形成的时候，到处都是岩浆呢。”

“哈哈哈，那地球的前身，岂不是个大火球？”

“我还知道地球是太阳系八大行星之一，太阳系还有近 500 个卫星和至少 120 万个小行星呢。”

豆瓜们正在讨论世界有多大这个话题。

“咳咳，看来你们已经能用数学的语言来描绘世界了呀，不愧是数学人，为师很欣慰。”豆瓜大侠说道，“世界究竟有多大呢？我们今天到科技馆一探便知。”

这天，豆瓜大侠带着豆瓜学园的小伙伴们参观了科技馆。一进入展厅，映入眼帘的是一个巨型的屏幕，里面播放着有关浩瀚宇宙的宣传片。小伙伴们看到各大行星绕着太阳旋转，璀璨流星划过天际。

机器人小智说：“地球所在的太阳系拥有 8 个行星，

太阳系的直径大约为90亿千米。太阳系是银河系里众多星系之一，距离银河系中心位置大约有2.7万光年的距离，至今为止，太阳系的年龄已经有45亿年左右。在太阳系的八大行星中，地球既是普通的一员，又是一颗极不平凡的星球。因为地球上有郁郁葱葱的崇山峻岭，有奔腾咆哮的大江大河，还有生机勃勃的各种生物，所有的这一切都是太阳系内其他行星没有的。”

“我们赖以生存的家园太伟大了，地球上有神秘莫测的海洋和广袤无垠的陆地，究竟是陆地的面积大还是海洋的面积大呢？”逗豆问道。

“数学人自然要用数字来说话。”阿瓜接着说道，“瞧，地球的模型旁边写着呢：海洋的面积约为陆地面积的2.4倍，所以海洋的面积大于陆地的面积。”

开心豆问道：“陆地面积是多少呢？”

“哈哈哈，我知道！用海洋的面积除以 2.4，就是陆地的面积啦！”逗豆说。

开心豆说：“咦，那海洋的面积是多少呢？”

“用陆地的面积乘 2.4 不就知道了。”逗豆说。

开心豆继续问：“那……陆地的面积又是多少呢？”

逗豆陷入沉思，他心想：“糟糕，我陷入死循环了。这陆地和海洋的面积我们都不知道，该怎么办呢？”

本着“方法总比困难多”的精神，小伙伴几人决定在 VR 科技馆里找找线索。可他们绕着场馆里里外外找了好几圈，只找到这样一句话：地球的表面积约为 5.1 亿平方千米。

开心豆和丝瓜皱着眉头，一筹莫展。

逗豆说：“可以用线段图呀，陆地画 1 段，海洋画这样的 2.4 段……”

一顿操作下来，小伙伴们听得更迷糊了。

阿瓜说："哈哈哈，还是用我们直性子的方程大哥来解决问题吧。把陆地面积设为 X 亿平方千米，那么海洋面积就是 2.4X 亿平方千米。"

开心豆说："我好像有点明白了，海洋面积＋陆地面积＝地球表面积，所以方程就是 X+2.4X = 5.1。"

阿瓜说："孺子可教也，开心豆已经学会列数量关系啦！那你会解方程吗？"

丝瓜说："解它！解它！"

"简单！海洋和陆地的面积尽在我笔下。"开心豆自信地说道。

解：设陆地面积为 X 亿平方千米，海洋面积就是 2.4X 亿平方千米。

$$X+2.4X = 5.1$$

$$3.4X = 5.1$$

$$3.4X \div 3.4 = 5.1 \div 3.4$$

$$X = 1.5$$

$$2.4X = 1.5 \times 2.4 = 3.6$$

这数据可不得了，地球上陆地面积大约有 1.5 亿平方千米，而海洋的面积竟然有 3.6 亿平方千米左右！

逗豆惊讶地说：“哇，原来我们脚下的陆地有 1.5 亿平方千米，我已经迫不及待地想出门看一看啦。”

阿瓜笑着说：“别急，你还没搞清楚 1.5 亿平方千米到底有多大啊！”

机器人小智接着说：“中国的领土面积约 960 万平

方千米，领海约 470 万平方千米。”

逗豆说道：“我把 960 万平方千米看作 1000 万平方千米，1.5 亿就是 15 个中国的国土面积。”

开心豆说：“把 470 万平方千米看作 500 万平方千米，3.6 亿平方千米海洋的面积就相当于 360000000÷5000000=72，72 个中国领海面积。”

机器人小智接收到这些数据，说道：“谢谢同学们丰富了我的数据库，这些都是非常生动的素材呀。”

经过一通计算，小伙伴们对世界有多大有了更清晰的认识，对我们祖国的地大物博也有了更深刻的理解。大家纷纷许下心愿：走遍神州大地，一起环游世界。

最后逗豆总结说：“世界那么大，环游不简单，我们先定一个小目标，去一趟学园山背后的无人谷探险吧。”

于是，小伙伴们的目标就成了：环游世界从无人谷开始……

值日风波

知识点拨

经历观察、猜想、验证的过程，认识掷 2 个骰子出现的点数和的所有情况。准备好 2 个骰子，动手掷一掷吧。

丁零零——下课啦！同学们纷纷背上书包，以“光速”离开教室。这时，讲台上出现两员大将——逗豆和阿瓜，他们是老师最得力的助手，每天负责监督同学打扫卫生。

“逗豆，我发现了一个亏本买卖！”阿瓜说道。

逗豆一脸疑惑地问：“你说来听听？”

“你瞧，咱们每次监督他们做卫生差不多需要 20 分钟。”阿瓜说，“你的 20 分钟加上我的 20 分钟，不就是 40 分钟！咱们可以优化时间呀，轮流值班！”

逗豆兴奋地说："听起来有道理，咱们可以通过一个公平的方式决定今天谁值班。"

听到两人决定一较高下，值日生们纷纷过来围观。

丝瓜喊道："你们掰手腕吧，一局定胜负！"

"人家可不像你，是个大力士。"丁豆说道，"不如石头剪刀布？三局两胜，谁输谁值班。"

"我带来了一样好东西，快看！"说着，麒麟瓜从兜里掏出了两个玩游戏用的骰子，"掷一掷，问题轻轻松松就解决了。"

“哈哈哈，这个有点意思，你成功引起了我的注意。”阿瓜迫不及待地说道，“你快来讲讲规则吧！”

麒麟瓜自信地甩了甩头发，说道：“掷一个骰子太简单啦，不如就来掷两个骰子，用两个骰子掷出的数字的和来决定今天谁值日！”

冒失鬼丁豆快人一步，一把拿起骰子说：“我发现，骰子的6面上分别写有数字1到6。”

“那我来考考你，两个骰子的点数之和，可能有哪些情况呢？”逗豆乐呵呵地说道。

丁豆拍了拍脑袋，说：“这个小意思。最小的点数是1，最大的点数是6。那么两个骰子的点数和最小是2，最大是12。有几种情况嘛……”

“两个骰子的点数和可能是2、3、4、5、6、7、8、9、10、11、12。”麒麟瓜抢答道，“一共有11种情况。”

“和有11种情况，这可怎么平均分配啊？”丁豆嘟囔道。

“这样吧，和如果是5、6、7、8、9这5种情况，那就算我赢。”逗豆说道，“其他的6种情况都算你赢。”

“你肯吃亏？5比6，这可是亏本买卖呀！”丁豆叫道。

阿瓜不动声色地说道：“哈哈，我得好好想想，以免上当！”

“有没有套路，一算便知。”丝瓜说，“如果两个骰子点数之和为2，那么两个骰子都必须是1；如果两个骰子点数之和为3，那么一个骰子是1，另一个骰子是2，有两种组合情况。”

“咦，事情好像真的没有那么简单！”阿瓜恍然大悟，“如果两个骰子点数之和为4，那么有3种情况：1和3,2和2,3和1。”

这时，丁豆也反应过来了，他附和道：“对呀对呀，以此类推，如果两个骰子点数之和为5，有4种情况，分别是：1和4,2和3,3和2,4和1；点数之和为6的时候，有5种情况；点数之和为7的时候有6种情况……”

“是不是点数之和越大，可能出现的情况越多呢？”丝瓜一脸疑惑。

“哈哈哈，当然不是！”机智聪明的阿瓜说道，“如果两个骰子点数之和为 8，那么只有 5 种情况：2 和 6,3 和 5,4 和 4,5 和 3,6 和 2。别忘啦，骰子上没有 7 呢。”

“是呀，所以再往后，组合情况又变少啦。”麒麟瓜说，“两个骰子点数和为 9 的时候，有 4 种情况；点数之和为 10 的时候，有 3 种情况；点数之和为 11 的时候，只有 2 种情况；和为 12 时，只剩下 1 种情况啦。”

小伙伴们纷纷把分析出的情况写了下来，列出了一张“金字塔”图。

听了小伙伴的分析，逗豆笑着说：“大家都看到了这个分布金字塔了，我也就不瞒大伙儿了，这里确实是有奥秘的。”

阿瓜气呼呼地说道：“原来 5、6、7、8、9 这 5 个

算式						1+6					
					1+5	2+5	2+6				
				1+4	2+4	3+4	3+5	3+6			
			1+3	2+3	3+3	4+3	4+4	4+5	4+6		
		1+2	2+2	3+2	4+2	5+2	5+3	5+4	5+5	5+6	
	1+1	2+1	3+1	4+1	5+1	6+1	6+2	6+3	6+4	6+5	6+
和	2	3	4	5	6	7	8	9	10	11	12

点数的组合情况在金字塔的中心部分，出现的情况更多，所以你赢的可能性更大！还好刚才没有上你的当。”

逗豆接着说道：“从表面上看，似乎11个得数中组合出5、6、7、8、9的情况占$\frac{5}{11}$，可是在排列中，11个得数我们总共数出了36种组合。而其中得数是5、6、7、8、9的就有24种组合，因此出现的可能性应该是$\frac{24}{36}$，也就是$\frac{2}{3}$。”

小伙伴们听到这里，恍然大悟，原来骰子里还藏着这些数学道理。

丁豆忍不住问：“那该怎么分配才公平呢？”

逗豆说：“只要想明白分布的道理，那么公平的方案就很多了。”

阿瓜说：“是啊，比如掷到的点数和是7，算逗豆赢，掷到的点数和是2和6算我赢，就是公平的啦。”

丁豆一想，还真是这样，掷到的点数和是7，有6种情况，掷到的点数和是2和6的，有1＋5=6（种）情况，那就公平了。

小朋友们，你们还能想到哪些公平的方案呢？

“偷工减料”的设计师

知识点拨

在装饰舞台的过程中，学会计算长方体的棱长。运用数学知识，能让我们在多种方法中找到最简便的一种。

转眼到了五月末，马上要过六一节了。为了奖励勤奋好学的豆瓜们，豆瓜大侠决定策划一场盛大的“六一”音乐节，由大侠手下的两员得力干将逗豆和阿瓜负责布置现场。

“咱们的音乐节一定要高端、大气、上档次。”豆瓜大侠说道，“不过……两位设计师还是要秉承勤俭节约的优良传统。”

“没问题！设计师二人组已就位，保证完成任务，

哈哈哈哈。”逗豆和阿瓜爽快答应，并决定先去音乐节现场踩点。

音乐节将在离学园山不远的海边沙滩上举行，沙滩中央有一个固定的舞台。

“听说豆瓜大侠的歌唱得很好。晚会上，咱们一边吹着海风，一边听大侠的现场表演，真是美滋滋呢！”逗豆一边想象音乐节的画面，一边不自觉地哼着歌……

阿瓜摇了摇逗豆的肩膀，说道：“逗豆，逗豆，醒醒。咱们的任务是布置场地。”

“这舞台虽大，可周边光秃秃的，舞台上也啥都没有，太单调啦。我们买点彩灯装饰舞台如何？”逗豆说。

“我觉得可行，那我去量一量舞台的尺寸。”阿瓜掏出卷尺，一边量一边说，“长 31.2 米、宽 18.6 米、高 5.9 米。咦，后面的长短了点，只有 31 米……”

阿瓜一回头，发现逗豆一个人蹲在舞台角落，不知在做些什么。莫非他在面壁思过？

原来，他正在低头计算需要的彩灯的长度。要在舞台的所有棱上都粘上彩灯，就得算出舞台的总棱长，把舞台的 12 条棱统统加起来，便得到一大串数字相加：31.2+18.6+5.9+31.2+18.6+5.9+31+18.6+5.9+31+18.6+5.9。

阿瓜听完，摇了摇头，说道：“你可真逗，这是摆‘一字长蛇阵’呀？”

“哈哈哈，是呀，前后长不一样，就得这么连加才最简单吧？！”逗豆说。

“你这‘一字长蛇阵’想得简单，可算起来很麻烦呀。”阿瓜听完并不满意。

逗豆不服气，在沙滩上打起草稿来，31.2+18.6+5.9+31.2……

人算不如天算，逗豆算到一半，一阵海浪打来，他的成果毁于一旦。

“这道题算下来可真难，太难了，太难了啊！”逗豆的脑子里“嗡嗡”作响。大夏天的，他感到了一丝丝寒意……

这时，逗豆的脑海里回忆起豆瓜大侠的谆谆教诲：“长方体有 4 条长、4 条宽、4 条高。”

灵光一现，逗豆想到了一个更简单的方法。虽然舞台前后的长不一样，它不是标准的长方体，但也可以用类似的乘法算式计算呀——$31.2\times2+31\times2+18.6\times4+5.9\times4$，这样算式短了很多。

阿瓜还是不满意，说道：“我还有更简单的方法。”

他指了指舞台的长、宽、高，在沙滩上写下了一组算式：$(31.2+18.6+5.9)\times4$。

他把“一字长蛇”变成了“一字短蛇”。

逗豆说：“你这方法没什么特殊的，

把棱长分成4组，每组都有长、宽、高这3条棱。31.2+18.6+5.9表示1组棱长的和，再乘4就是棱长总和啦。只是，前后两个长度不一样，这样算是不准确的。”

阿瓜笑着说：“别急，这样算，是把两条后面的长都看成31.2米，这样就多算了2个0.2，只要把结果减去0.4就可以了呀。”

逗豆称赞：“你的算法果然简单，不过，我的‘一字长蛇阵’想法简单，一眼就能看出是棱长总和，你这做法要看上四眼才能看明白。”

就在这时，豆瓜大侠来了。

“你们的方法各有千秋，逗豆认为自己的做法好想，阿瓜觉得自己的做法好算。”豆瓜大侠说道，“不过，我的方法更节俭。”

“快说来听听。”大侠一席话，瞬间勾起逗豆和阿瓜的好奇心。

只见大侠写下了一行算式：31.2+31+18.6×2+5.9×4。

“你们想想，我写的算式是什么意

思？”豆瓜大侠问道。

设计师二人组一头雾水，大侠的方法只算了 2 条不一样的长、2 条宽和 4 条高呀，真是偷工减料。

大侠指了指舞台的底面，说道：“你们瞧，底面都被沙子盖住了，就不需要围彩灯了。少了 4 条棱，不仅节约成本，安装彩灯的时候也比较省时间。”

豆瓜大侠不愧是最佳设计师，解决实际问题时，还联系了现场实际情况思考方案，这样才能做到省时省力又省钱。

在豆瓜大侠、逗豆和阿瓜的默契策划下，学园的音乐节圆满落下帷幕。

小朋友们，现在你知道如何计算长方体的棱长总和了吗？对呀，它没什么计算公式，最要紧的是用简便的方法，根据实际情况求出所需的棱长总和。

图书在版编目(CIP)数据

世界有多大:五年级/强诗洁著. —福州:海峡文艺出版社,2023.11
(豆瓜妙趣数学故事/陈传兴主编)
ISBN 978-7-5550-3556-5

Ⅰ.①世… Ⅱ.①强… Ⅲ.①小学数学课—教学参考资料 Ⅳ.①G624.503

中国国家版本馆 CIP 数据核字(2023)第 220481 号

世界有多大(五年级)

强诗洁 著

出版人 林 滨
责任编辑 蓝铃松
出版发行 海峡文艺出版社
经　　销 福建新华发行(集团)有限责任公司
社　　址 福州市东水路 76 号 14 层
发行部 0591—87536797
印　　刷 福建新华联合印务集团有限公司
厂　　址 福州市晋安区福兴大道 42 号
开　　本 720 毫米×1010 毫米 1/16
字　　数 60 千字
印　　张 8.75
版　　次 2023 年 11 月第 1 版
印　　次 2023 年 11 月第 1 次印刷
书　　号 ISBN 978-7-5550-3556-5
定　　价 28.00 元